СОВРЕМЕННЫЙ ДЕТСКИЙ САД,

его значение и оборудование

составили:

М. Я. Морозова, Е. И. Тихеева и д-р Л. И. Чулицкая-Тихеева

ГОСУДАРСТВЕННОЕ ИЗДАТЕЛЬСТВО

ПЕТЕРБУРГ ✤ 1920

СОВРЕМЕННЫЙ ДЕТСКИЙ САД,

его значение и оборудование

СОСТАВИЛИ:

М. Я. Морозова, Е. И. Тихеева и д-р Л. И. Чулицкая-Тихеева

3-ье ПЕРЕРАБОТАННОЕ ИЗДАНИЕ

ПЕТЕРБУРГ
Тихо-литография «ЭНЕРГИЯ», Загородный пр., № 17
1919

Дошкольное воспитание и детские сады.

> *"Ступень детства есть ступень жизни,—
> жизни самой по себе, только для того, чтобы
> жить, чтобы внутреннее проявилось во вне".*
>
> *Фребель.*

> *"Если бы детский сад для детей только
> развлек и отдых и удовольствие, этим одним
> он оправдал бы существование свое".*
>
> *Стэнли Холл.*

Среди вопросов, волнующих современную педагогическую мысль, выдвигаемых последней на первый план, вопросу о дошкольном воспитании, по важности и значению его, принадлежит одно из первых мест. Задумаемся между тем над выражением „дошкольное воспитание", постараемся разобраться в том, какое содержание можно в него влить, и мы не преминем придти к заключению, что в выражении этом кроется какое-то большое недоразумение, что оно может быть объяснено и оправдано лишь постольку, поскольку до последнего времени общественная забота не касалась вовсе детей дошкольного возраста. Может ли воспитание быть „дошкольным", „школьным" или каким-либо другим? Конечно, нет. Воспитание только одно, охватывающее весь период формирования личности. Воспитание начинается уже до рождения ребенка, а завершается оно часто только со смертью человека, и через все ступени детства и юности проводит оно, лишь с некоторыми видоизменениями методических приемов, одни и те же основные принципы.

Семья, воспитывающая своих детей, хорошо или дурно другой вопрос, воспитывает с первого года жизни ребенка. Если воспитательная деятельность ее нуждается в коррективах, в помощи и указаниях, то во всем своем объеме, без различия ступеней и возрастов. Семейное воспитание детей в школьном возрасте ни на волос не выше, не рациональнее дошкольного. Если мы признаем воспитание в современной семье вообще, мы не можем не признать и семейного дошкольного воспитания. Не так обстоит дело с воспитанием общественным. Обучая и претендуя воспитывать детей школьного возраста, государственные и общественные организации до последнего времени совершенно игнорировали дошкольный возраст, а потому, понимаемый в этом смысле, вопрос о дошкольном воспитании является и новым, и назревшим. Но и здесь к нему следовало бы подойти с другой стороны. Наша задача должна заключаться не в том, чтобы создать какое-то „дошкольное" воспитание, а в том, чтобы рационально поставить *общее* воспитание, охватывающее и дошкольный период. Общее же воспитание наших детей удовлетворить никого не может, не взирая на неустанную работу человеческого ума, направленную на освещение, разработку и упорядочение этого вопроса.

Если вы, в поисках света, выхода из создавшегося тяжелого, ненормального положения, хватаетесь за книгу или статью, посвященную вопросам воспитания, вы можете быть уверенными, что закроете ее всегда с одним и тем же неизменным чувством—какой-то безнадежной неудовлетворенности и разочарованности.

„Только-то! — восклицаете вы. — Что же тут нового? Все это известно и переизвестно; обо всем этом уже тысячу раз писали и говорили. Как быть, что делать, в какую дверь стучаться, я все-таки не знаю!"

И действительно, все основное, существенное, главное по этой части уже сказано, освещено уже давно великими учителями педагогики. Есть ли хотя один среди лозунгов современной педагогической мысли, который не был бы провозглашен Руссо, Песталоцци, Фребелем и всей плеядой их последователей?

И вы возвращаетесь к классикам, с приливом нового рвения и внимания начинаете штудировать их произведения; но лишь новой усилившейся болью наполняется ваше сердце от сознания того, что идут века, а наша жизнь все так же далека от того, к чему эти учителя призывали и во что они веровали. Никем из них не произнесено то магическое слово, от которого разорвалась бы завеса, отделяющая нас от света и истины.

И магического слова этого не произнесет никто. Эльдорадо для наших детей нам надо завоевать сами, завоевать длительно и терпеливо бесчисленными, повторными, дружными, в большинстве случаев, незначительными по достигаемым результатам усилиями, направленными столько же в сторону разработки и освещения вопроса воспитания, сколько и в сторону самоусовершенствования, видоизменения тех бытовых, социальных и экономических условий, которые парализуют усилия всех проповедников нормального воспитания и усовершенствованной школы.

Все педагогические учения грешат слишком большой теоретичностью, оторванностью от конкретных, неумолимых условий и законов действительности, среди которых нам приходится жить и действовать. Основная задача всех любящих детей, стремящихся не к утопическому и сейчас недосягаемому, а к реальному благу, состоит в том, чтобы приспособить дело воспитания и образования не только к требованиям природы ребенка и потребностям детского возраста, но и к железным, беспощадным условиям действительности, приспособить притом так, чтобы каждое наше усилие, каждое новое начинание являлось в то же время завоеванием, приближающим нас к лучшему будущему.

Одной теории, быть может, верной и прекрасной, но общих и отвлеченных положений недостаточно. Теория уже давно разработана и освещена. Нам нужны теперь прежде всего дружные усилия приблизить практику к теории, нужно действование, нужны наглядные доказательства того, что все то, что мы проповедуем, что признаем неоспоримой истиной, может, хотя бы частично, войти в жизнь сейчас же.

Сказать: „воспитание должно быть индивидуальным и свободным", или: „воспитывать нужно не в городе, а среди природы, обучать путем самодеятельности и труда", и не указать путей, как этого достигнуть, как осуществить это, хотя бы до некоторой степени, среди условий, из которых слагается наша жизнь, и изменить которые мы бессильны,—все равно, что ничего не сказать.

Попробуем-ка осуществить хотя бы основное требование Руссо, наиболее разумное и несомненное требование и „новой" школы—воспитывать детей среди природы, вывести из городов всю ту массу детской бедноты, которой кишат городские улицы, дворы и подвалы. Попробуйте-ка воспитать хотя бы их на лоне матери природы!

Не взирая на большие достижения в этом направлении последнего времени, на все старания дать детям в этом смысле все возможное, еще очень далеко то время, когда все дети приобретут в лице природы своего основного учителя и воспитателя. И в летнее время города еще долго будут кишеть уличной детворой; о разумном привлечении детей к природе в зимних условиях пока говорить не приходится.

Сто лет назад Фребель, так настойчиво заговоривший об общественных воспитательных учреждениях для детей дошкольного возраста, назвал последние „детскими садами". А XX век под давлением неумолимых, пока неизменных условий общественной жизни называют аналогичные учреждения уже иначе—„домами ребенка". Многолюдный город, кроме *домов*, пока ничего своей детворе предоставить не может.

Поразмыслим еще об одном требовании рациональной педагогики, о требовании наглядности при обучении.

Нормальное развитие ребенка в первые годы его жизни, расширение горизонтов его ума совершается на основании стройного и планомерного расширения мира его представлений, почерпаемых из окружающего его конкретного мира при посредстве своих внешних чувств. Ребенок видит, слышит, осязает, обоняет, вкушает, и совокупность всех этих чувственных восприятий образует в его душе тот мир образов, определенность, отчетливость и яркость которых находится в прямой зависимости от того, поскольку в созидании не участвовали внешние чувства прежде всего. Органы внешних чувств являются теми дверьми, через которые внешние образа входят в душу и сживаются с ней. Слово должно являться при этом лишь пособником, опирающимся на готовые, из самой жизни, из конкретной действительности, из личного опыта добытые представления. Никакое другое формирование умственных сил в эту пору не допустимо.

Но следует остерегаться увлечения одной лишь пассивной наглядностью. Путем одного глядения, одного наблюдения у маленького ребенка не может создаться тех ярких, для него близких и дорогих представлений, которые сливаются с его личностью и становятся неотъемлемой частью его духовного облика. В понятие о наглядности прежде всего должно входить активное отношение ребенка к окружающему его и изучаемому им, тот интерес, который основан прежде всего на возможности применять свои созидающие, творческие силы.

Вот этими естественными интересами детей, их влечениями, ярко дифференцирующимися в каждую определенную пору детства, следует руководствоваться прежде всего, когда решаешься наметить тот круг представлений, в которой же еще их ввести. Никаких общих положений, раз навсегда предначертанных и выработанных программ в этом смысле быть не может. Радиус этого круга и его содержание зависят не только от индивидуальных свойств отдельного ребенка и даже группы детей, но и от условий среды, в которой приходится жить и работать. Основное правило, которым при этом, при малейшей возможности следует руководствоваться, таково: если вы хотите вызвать в ребенке какое-нибудь новое представление, воздействуйте прежде всего на его чувства, знакомьте его с самим предметом в тех естественных природных условиях, среди которых ему предназначено существовать. Предположим, вы хотите ввести детей в представление о лесе. Прежде всего поведите детей в лес, предоставьте им возможность собственными глазами увидеть лес во всей его красоте и разнообразии, услышать звуки леса, обонять его запахи, удовлетворить в обстановке леса свою потребность к движению, к действованию. Создайте прежде всего общее цельное впечатление, не отвлекайте внимания частностями и подробностями. И только, когда это общее впечатление создастся, когда представление „лес" захватит долю ребенка, можно начать выделять частное и переходить к нему научное общее, но — увы! — только теоретического достижение. И как часто не дают его осуществлять тиски действительности! Если наша школа, детский сад находятся среди большого города, пойдите, доберитесь-ка с детьми до леса! Наконец, в какой-нибудь степной местности леса может вовсе не быть. Может не быть моря, реки, да мало ли чего из того, с чем часто бывает необходимо познакомить детей. Как быть в таких случаях? Другого выхода нет, — от требования непосредственной активной наглядности волей-неволей приходится отказываться, изыскивать другие пути для создания, быть может, не столь полного и верного во всей своей совокупности, но все же яркого представления. Наибольшие услуги в таком случае оказывает образное, выразительное живое слово, опирающееся на чувственные, хотя и второстепенные по значению, но верные восприятия. Образный, живой, полный действия и движения рассказ о лесе, сопутствуемый рассматриванием картин, моделей, соответствующих представителей живой природы, может настолько захватить детей, что у них создастся собственное, быть может, несколько смутное, но во всяком случае в общем не фальшивое представление о лесе. Свободный рассказ учителя, свободное изложение, книгой не связанное, всегда предпочтительнее чтения, которое, по возможности, должно его дополнять и расширять, усиливать впечатление.

Маленький ребенок считает себя нераздельной частью окружающего его мира: он стремится познать и усвоить этот мир. Свое воспитание он получает прежде всего от природы и вещей. Ребенок, на долю которого выпало счастье расти и развиваться в деревне, среди природы, находится в этом смысле в тех идеальных условиях, к которым воспитателю не приходится почти ничего прибавлять. И наоборот, обездоленный во всех смыслах маленький горожанин живет часто в условиях, исключающих всякую возможность естественного и здорового развития, порою направляющих это развитие по пути извращения. Создавая детский сад для таких детей, мы должны прежде всего позаботиться о том, чтобы создать искусственно нужную и подходящую обстановку.

Мало кто в должной мере понимает, какую громадную, ни с чем несравнимую роль играет обстановка, окружающая детей, в деле их воспитания.

Ребенок в своем развитии повторяет развитие человечества, а последнее совершалось и завершилось в условиях непосредственной и ненарушимой близости человека с природой. Живя среди природы, постигая ее при помощи своих внешних чувств, борясь с нею, питаясь от нее, черпая на ее лоне свои наслаждения, первобытный человек через культуру природы продвигался по лестнице общей человеческой культуры. Всякое развитие начинается с разумения вещей. Исходной точкой для всякого знания и мысли является конкретное представление. Реальный мир, конкретная действительность закладывают фундамент и для физического и для духовного развития. Наглядность является безусловной основой всякого познания. Эти неоспоримые законы должны заставить понять психологическое значение обстановки вообще, а в жизни маленького ребенка по преимуществу. Над этим вопросом задумывались уже мыслители древности, его осветили и блестяще развили в своих сочинениях Коменский и Руссо, детальному выяснению его посвятили все свое внимание Песталоцци и Фребель.

Все без исключения стороны, из которых слагается общее гармоническое развитие ребенка, находятся прежде всего в прямой зависимости от непосредственно окружающего его конкретного мира. *Физическое развитие* ребенка может совершаться правильно только в том случае, если внешние условия, понимаемые прежде всего как непосредственно окружающая его обстановка, этому благоприятствуют. *Внешние чувства* развиваются и шлифуются только при постоянном соприкосновении с внешним миром, понимаемом в смысле приспособленной для этой цели обстановки. Речь ребенка, основой которой служат наглядность и наблюдение, может правильно развиваться только среди обстановки, доставляющей все предметы, необходимые для наблюдения, сравнения, изучения, притом предметы для ребенка интересные, близкие и понятные. Только среди подходящей обстановки ум ребенка может обогащаться ясными, точными, данному возрасту соответствующими и необходимыми *представлениями и познаниями*. Ребенок осиливает самодовлеющим, естественным путем и *графическую речь*, если последняя представлена соответствующим образом в окружающей его обстановке. Числовые представления формируются в раннем детстве исключительно наглядным путем. Чтобы постигнуть число, ребенок должен наблюдать и посредством своих внешних чувств постигать доступные для него числовые соотношения, а это возможно лишь при наличности подходящих предметов.

Игра детей, этот главнейший фактор воспитания, игра, понимаемая как синоним детской жизни, работы, может развернуться во всю ширь своих великих воспитывающих воздействий только в том случае, если для неё будет обеспечена подходящая обстановка. Обстановка эта должна дать ребенку возможность свободно двигаться, должна предоставить ему игрушки, материалы, необходимые для выявления его творческих сил. А *труд детей, трудовое начало*, правильно понимаемое, разве не требуют прежде всего соответствующей обстановки? Когда речь идет о маленьких детях, эти два понятия — *работа и игра* — сливаются в одно общее представление, и эта работа-игра, если она удовлетворена во всех своих запросах и обставлена соответственно силам и интересам данного возраста, является в то же время и величайшей детской радостью. А потому окружающие детей мебель, утварь, орудия работы, все пособия и материалы должны быть предметом самого продуманного педагогического обсуждения.

Эстетическое воспитание ребенка совершенно немыслимо вне соответствующей обстановки. Красота, гармония во всем — большом и малом — эстетически воспитывает человека, и эту красоту обстановки, работая в условиях большого, от природы оторванного города, можем предоставить только мы. Даже такие высшие стороны человеческой души, как *воля и эстическое начало*, сфера проявления высших чувств — находятся в непосредственной связи с окружающей ребенка обстановкой. Наиболее материальная ее часть, любая из вещей, из которых она слагается, являются продуктом человеческого творчества, каждый предмет связан с жизнью человеческой. Человек же высшая ценность; и все, что имеет к нему отношение, может и должно быть в соприкосновении с духовным началом, пронизывающим человеческую жизнь. И живая душа руководительницы должна явиться тем звеном, которое соединяет мертвую и преходящую обстановку детского сада со всем живым и вечным.

Мы уже упоминали о том, что обстановкой, наиболее естественной и могущественной в своем воспитательном воздействии, а потому и наиболее желательной, является природа во всем своем многообразии. Природа — основной врач и воспитатель маленького ребенка. Она укрепляет его, врачует, воспитывает, обогащает знаниями. Она — высший эстет, предоставляющий формы, цвета, материалы в том гармоническом соотношении, в той вечной красоте, которые ей одной доступны. Воспитывать детей в обстановке природы — вот к какой цели мы прежде всего должны стремиться. Но там, где это невозможно, пред нами выдвигается другая, не менее значительная цель — самим создать обстановку для наших детей. Все, чего не может им дать живая природа, мы заменим искусственным дидактическим материалом. Но мы не поддадимся увлечению дидактическим сенсуализмом, памятуя, что высшая ценность и конечная цель заключаются не в материальных вещах, из которых слагается обстановка детского сада.

Мы воспитаем детей в понимании, что любая вещь является не самоцелью, а лишь средством к высшим достижениям, и не дадим их душе засориться теми низшими чувствами, с которыми неизбежно связано понятие о частной собственности. В детском саду не должно быть частной собственности, там все наше, все общее.

Но мы забежали вперед, не выяснив вопроса, из чего же слагается обстановка, которой мы будем стремиться окружить детей.

„Ребенок, — говорит Фребель, — тем более проникает в сущность предметов природы и внешнего мира, чем очевиднее для него та естественная связь, в которой они находятся. Различные условия и отношения между предметами и их значение станут для ребенка понятнее и яснее, когда он будет окружен ими и их влиянием, причем причина их существования, быть может, будет лежать в нем самом или, по крайней мере, иметь в нем свой исходящий или конечный путь. Это должны быть предметы его ближайшей среды, предметы комнаты, дома, сада мызы, села, города, луга, поля, леса, долины. От разбора предметов комнаты, ближайшей среды эти наблюдения природы и внешнего мира, как от ближайшего, переходят в должном порядке к дальнейшему и менее известному и, следуя этому порядку связи и деления, станут для нас предметами школьного обучения". Если мы, к несчастию детей, не можем начать от сада, леса, поля, деревни, потому что это все не ближайшая обстановка ребенка, начнем от комнаты, от города, введем в эту комнату живую природу, поскольку это возможно, а все недостающее представим в виде строго обдуманного подбора отражающих жизнь неодушевленных предметов.

„Сохраняйте для ребенка только зависимость от вещей, и вы будете следовать естественному порядку в воспитании",—говорит Руссо. Составить такой подбор предметов, игрушек, материалов, занятий, чтобы он действительно руководил естественным воспитанием ребенка, дело очень трудное. Нельзя предоставить детям все, хотя бы и нужные, предметы сразу. В этом деле нужна глубоко продуманная последовательность. Пусть ребенок постигнет первые, наиболее простые и легкие по своему существу предметы, и только тогда можно ввести в его жизнь последующие. „В выборе предметов, в заботе о том, чтобы постоянно предоставлять ребенку те, которые он может знать, и скрывать от него те, которых он знать не должен, заключается истинное искусство воспитания, и этим-то способом надо пытаться образовать в нем запас знаний",—говорит Руссо. Мало-по-малу растет вглубь и вширь богатство окружающей ребенка обстановки—источник развития ребенка, и к концу 2-го и, тем более, 3-го года жизни сада в составе одних и тех же детей детский сад являет собой полную чашу, из которой ребенок по личному выбору и побуждению черпает все, что нужно для его естественного, всестороннего развития, что делает возможным для его *самопроизвольной* деятельности удовлетворять свои специальные потребности в различные периоды его развития. На значение такой психологически продуманной внешней обстановки детского сада мы обращаем особое внимание руководительницы. Тот, кому удастся создать такую обстановку, облегчит свой труд в высшей степени. Среди нее ребенок будет жить-развиваться собственной самодовлеющей жизнью, его духовный рост будет совершаться из самого себя, от природы, хотя эта природа и не лес, не луг, не поле. Коррективом же этому в некоторых отношениях одностороннему влиянию исключительно внешнего мира должно быть живое слово со всем тем, чем оно влияет на фантазию и внутренние чувства.

Итак, детский сад должен быть местом, где дети живут своей естественной детской жизнью среди обстановки, естественно способствующей самопроизвольному и всестороннему развитию их способностей, под наблюдением и руководством опытного любящего лица. Такая по нашему единственно правильная точка зрения не допускает преобладания и господства в этой жизни одной какой-нибудь педагогической системы. Всякая система исключает возможность самопроизвольного развития души из себя самой, она обезличивает, связывает заурядного воспитателя, она неизбежно вырождается в шаблон, в рутину.

Самым вразумительным историческим примером в этом смысле являются фребелевские детские сады, получившие такое широкое распространение, главным образом, в Германии. Никогда и нигде практика воспитания не расходилась до такой степени с предпосылками породившей ее педагогической мысли, как именно в этих детских садах. Ни один из великих лозунгов Фребеля не воплотился в их жизни. Этому мешают как общие исторические и социальные причины, так и тот маленький преобладающий во всех воспитательных учреждениях масштаб среднего заурядного педагога, которому не по плечу разрешение великих задач Руссо, Песталоцци, Фребеля. По плечу этим педагогам только *система*, понимаемая, как определенная рецептура чисто внешних мероприятий — игр, занятий, пособий и т. п.

Целый век прошел с тех пор, как Фребель сказал свое великое педагогическое слово, а люди в шорах системы, мешающих им видеть свет развивающейся жизни, катят себе по одним и тем же глубоким колеям, из которых они не в силах высвободить колес своей педагогической машины!

Еще несколько слов о **программах занятий и расписании**. В детском саду при занятиях с детьми дошкольного возраста программ и расписания не должно существовать вовсе, гласит требование современной педагогики. И это несомненно так; но понимать это нужно лишь в том смысле, что вся намечаемая работа должна соответствовать интересам данной группы детей, должна быть согласована со степенью их развития, их способностями, должна находиться в строгом соотношении с окружающей жизнью, с подвижными и вечно меняющимися условиями ее, устраняющими сегодня одни интересы, а завтра выдвигающими другие. Одно и то же расписание не может быть составлено для группы детей *a* и группы *b*, потому что дети в этих группах совершенно различные; для сада в городе *c* и сада в городе *d*, потому что города эти существуют в различных условиях; для среды на этой неделе и среды из будущей, потому что в эту среду довлеют злобы и дела, которым не будет места в будущую. Расписание не может не быть подвижно, изменчиво, непостоянно, оно не может быть пригвождено к бумаге в рабской последовательности и неподвижности дней и часов. Оно не может не приноровляться к условиям места, времени, ко всяким случайностям, прежде же и больше всего к самим детям. Но в том широком плане, который начертывает перед собой каждый, кто приступает к занятиям в детском саду, неизбежно должна существовать программа, понимаемая как определенный, заранее начертанный, к интересам детей и условиям среды приноровленный цикл знаний и представлений. И в этом плане, в расписании, понимаемом в этом смысле, в изыскании путей к его осуществлению, в отборе того или другого материала учитель — господин и хозяин, он ведет детей за собой.

С чего же начать? Конечно, прежде всего с того, что непосредственно окружает детей, с чем они встречаются в жизни. В степной местности надо, конечно, начать не с леса, а со степи, не с белки, а с суслика. Какая надобность, например, посвящать целые недели в каком-нибудь детском саду Петербургской или Московской губернии изучению жизни эскимосов? А ведь это делается в очень многих детских садах. Неужели же окружающая обстановка этих садов так уж бедна, что им ничего не остается, как переброситься к эскимосам и черпать материал для развития своих ребят в далекой и чуждой обстановке и жизни, которых наблюдать они не могут, и о которых они, конечно, не способны составить себе никакого представления? Не будем мудрствовать и постараемся научить детей наблюдать прежде всего то, что к ним близко, разбираться в той жизни, в которой они лично принимают участие. Природоведение в роли предмета описательного совершенно недопустимо в детском саду.

При распределении занятий в детском саду следует заботиться о том, чтобы не раздроблять внимания детей, не представлять пред ними материал, с которым хочешь их познакомить, в разрозненном, бессвязном, несистематизированном виде. В плане занятий должна быть возможная последовательность, каждое новое представление, новый, входящий в сознание ребенка предмет должны, по возможности, связываться каким-нибудь ассоциативным звеном с представлениями предшествовавшими. В детском саду нет места отдельным „предметам" в том смысле, как выражение это понимается в современной школе. Беседы, рассказы, чтение, рисование, лепка, работа, всякого рода игры, — словом все то, из чего слагаются занятия в детском саду, должно находиться в строгом соотношении, все занятия должны переплетаться, оказывать друг другу услуги, взаимно поддерживать в стремлении к одной общей цели — стройному развитию *всех* способностей ребенка.

Здесь уместно сказать несколько слов о так называемой центральной идее, которой многие придают такое исключительное и одностороннее значение при занятиях в детском саду. Если центральную идею понимать, как основной стержень, вокруг которого группируются очередные жизненные задачи и интересы сада, как ту ассоциативную цель, которой эти естественно возникающие интересы сближаются и объединяются, то она неизбежна в каждом жизненном и продуманном деле. Центральная же идея, понимаемая как искусственно выдвигаемая тема, явившаяся сама по себе, без всякой связи с очередными жизненными интересами сада и насильственно подчиняющая себе эти интересы в течение иногда очень продолжительного времени, подлежит безапелляционному осуждению.

Между тем многими детскими садами до последнего времени центральная идея понималась именно в последнем смысле. Выхватит руководительница неизвестно откуда и зачем какую-нибудь тему, вроде *воробья* или *картофеля*, и давай ее жевать на все лады в беседах с детьми, в их играх, рисунках и работах, отодвинув на задний план все остальное, иногда самое существенное и с жизнью непосредственно связанное.

Мы упомянули о том, что в детском саду руководитель намечает план занятий, которому, следовательно, и подчиняет детей. Как же согласовать это с той свободой воспитания, которую новая школа выдвигает, как sine qua non своего существования? Несомненно, что нет понятия, опошленного до такой степени, толкуемого до такой степени вкривь и вкось, а потому и вносящего в дело воспитания столько сумбура и нелепицы, как эта пресловутая „свобода" воспитания. Ведь свобода и ограничение почти синонимы. Без ограничения нет свободы. Всякий индивидуум должен быть ограничен, должен уметь обуздывать свои мимолетные прихоти, капризы, колебания воли и вкусов. Без этого он истинной свободы не достигнет. Притом в жизни коллектива детей полной свободы отдельному индивидууму предоставлено быть не может. Чем больше коллектив, тем меньшей свободой пользуется каждый из его членов. Свобода должна даваться постепенно. Этим драгоценным даром мало кто умеет пользоваться. Детей надо учить пользоваться свободой. Пока ребенок не научится ходить, его никто не ставит на ноги. Точно так же, пока он не научится умерять своих желаний, обуздывать своих прихотей, пока он не умеет подчиняться коллективу, предоставить ему полной свободы нельзя. Только по мере развития в нем чувства общественности и сознания значения дисциплины, принуждение по отношению к нему применяется все реже, а свобода, которой он пользуется, растет и ширится.

Всякое занятие, всякая работа должны, конечно, соответствовать интересам и развитию детей, должны согласоваться с окружающей жизнью. Ребенку надо предоставлять свободу заниматься тем, что его интересует, к чему его влечет, предоставлять возможность производить интересующие его опыты, отдаваться увлекающим его работам (в нормально поставленном детском саду интересы ребенка всегда совпадут с планом занятий, начертанным руководящим лицом); но к таким работам ребенок должен относиться со вниманием, должен то, что он начал, доводить до конца.

Такого рода отношение к делу в нем следует систематически воспитывать. При соответствующей, нормальной дисциплине у среднего ребенка волевой энергии на это всегда хватит. Всякое же в этом смысле отступление от нормы является доказательством или полной нервной и волевой развинченности субъекта, требующей особого к себе отношения, или общей неправильной постановки дела. Перебрасывание от дела к делу, от интереса к интересу, ничего не завершая, ничего не исчерпывая, лишает человека свободы, делает его рабом своей прирожденной или воспитанием привитой неуравновешенности. Часто подобное непостоянство вкусов и интересов детей, скачка их внимания от одного объекта к другому является продуктом именно дурного воспитания, проявлением просто дурной привычки. Ребенка можно приучить добросовестно, с верностью до конца относиться к каждому делу, за которое он берется, и, наоборот, в преступной уступчивости его неуравновешенной и безвольной натуре можно его от этого отучить. Привычка отвоевывает себе место в каждом проявлении жизни, и часто то, что мы считаем проявлением индивидуальности, является лишь укоренившейся привычкой.

Но обращаем внимание на то, что при отношении к работам маленьких детей понятия „усидчивость", „законченность" должны иметь совсем другую оценку, чем при отношении к работам взрослых. С точки зрения взрослого работа ребенка может быть и не законченной, тем не менее ребенок сделал все, что мог, больше он дать ничего не может, и мы не в праве от него ничего требовать. Не может быть также никакой параллели между степенью усидчивости, на которую способен взрослый, и той, которая доступна ребенку. Маленький ребенок неспособен отдаваться в течение продолжительного времени одной какой-нибудь требующей напряжения сил и внимания работе. Опытный воспитатель разберется в том, когда так называемое перебрасывание ребенка от работы к работе является результатом достойных порицания верхоглядства и неуравновешенности, и когда это психологически обоснованное и неизбежное явление.

Ребенок должен уметь подчиняться, подавлять свои низшие импульсы и желания, подчинять свои личные интересы интересам общественным, законам и предписаниям справедливости и здравого смысла. Уже в дошкольном возрасте можно путем собеседований с детьми, раз'яснений вводить их в понимание тех требований, которые к ним предъявляются, но при этом не следует упускать из виду, что жизнь и практика могут всегда выдвинуть и такие требования, уразуметь которые ребенок не может, и которым тем не менее он обязан подчиняться. Основная цель всякой разумной дисциплины заключается в достижении справедливой, общей, всех удовлетворяющей свободы, и всякое поползновение эту свободу стеснить должно быть в корне подавляемо. При занятиях с коллективом считаться с некоторыми проявлениями единичной индивидуальности часто не приходится. Если в общей работе, игре вся группа заинтересована и стремится к определенной цели, единичная, вразрез идущая воля не должна приниматься в соображение. Развивать в детях эгоизм, убеждение, что человек живет для самого себя, является одной из пагубнейших педагогических ошибок. Ребенок в детском саду тоже член коллектива, и он должен уметь уважать волю и интересы коллектива.

В силу этих соображений времяпрепровождение ребенка в детском саду не может складываться исключительно из свободных, его личному выбору предоставленных занятий. У детей должен быть и обязательный труд, уклоняться от которого никто не может. Труд этот должен строго соответствовать силам ребенка, время, потребное для него, не должно превышать максимума усидчивости, на которую ребенок способен, но принимать в нем участие должны уже самые маленькие дети. Таковы обязанности дежурных и весь так называемый общественно обязательный труд, распределяемый между всеми детьми, как, напр., труд по уходу за животными, цветами, работа в саду, в огороде и т. п. Если этот труд обставлен правильно в смысле его удобоисполнимости и соответствия силам и интересам детей, он является одним из лучших средств к развитию воли.

Понятие обязательности должно быть связано более или менее со всеми видами занятий детей. В жизнь каждого дня должно быть вкраплено то или другое задание, выдвигаемое самим ребенком или руководителем, это безразлично, которое должно являться для ребенка обязательным. Такая работа должна занимать, в зависимости от возраста, не более 5—20 минут. „Воля воспитывается, если мы сохраняем в себе живую способность к усилию небольшим добровольным, но и обязательным ежедневным упражнением",—говорит Джемс.

Здесь мы считаем нужным выяснить наше отношение к вопросу о наказании детей. Идеально поставленное воспитание рисуется нам без всяких наказаний. Но для идеала места на земле нет, идеал всегда впереди нас; мы к нему только стремимся, а потому мы и не можем себе представить воспитания без наказаний. Надо только условиться, что разуметь под словом наказание. Наказание, являющееся олицетворением неприятного для ребенка на него воздействия, логически с его поступком не связанного, а потому совпадающего с понятием о мести, конечно, недопустимо. Но раз то или другое тягостное и неприятное для ребенка переживание проистекает из его дурного поведения или поступка, он должен с ним примириться, принять его, как логическое последствие этого поступка. И переживание это может быть связано только со словом *наказание*, ни с каким другим.

Одно из преимуществ детского сада перед исключительно семейным воспитанием заключается в том, что он предоставляет ребенку возможность развиваться, работать, играть в условиях общественности, приводит его в систематическое, ежедневное общение со сверстниками и товарищами. Семья наша, к каким бы слоям она ни принадлежала, так далека от понятий общественности и гражданственности, до того пропитана узким семейным эгоизмом, она так часто преувеличивает права детства или умаляет их, что она абсолютно ничего не может сделать для привития своим младшим членам **общественного начала**. Между тем это дело огромной важности и приступать к нему надо в первые же годы жизни ребенка. Прививать надлежащее отношение детей друг к другу, корпорации, к общественному имуществу, общим интересам, делу, чести — обязанность детского сада.

Только воспитывая детей правильно в этом смысле с первых лет жизни, можно подвести человечество к усвоению социализма, правильно понимаемого. Понятие о социализме должно войти в плоть и кровь человека, должно быть воспринято душой и сердцем. Только тогда осуществится социальное равенство на земле. Ребенок родится и социалистом, и интернационалистом. Портим его в этом отношении мы, взрослые. Подобная вина не должна тяготеть на наших детских садах.

Мы упомянули уже о **значении в деле воспитания привычки**. В виду особой важности этого вопроса именно в раннем детстве, мы считаем нужным остановиться на нем подробнее. Привычка — один из могущественнейших рычагов, влияющих на жизнь человека во всех ее проявлениях. В пору же детства рычаг этот по преимуществу полон силы и значения. Есть целый ряд навыков, которые необходимо привить к детям и которые могут укорениться только путем длительного воздействия привычки. Соблюдение необходимых правил внешнего порядка, чистоты, приличия, вежливости обусловливается лишь тем, чтобы ребенок был поставлен в такие условия, при которых ему нельзя не подчиняться определенным требованиям, причем малейшее уклонение от этих требований ставится на вид, а неослабевающий надзор, мягкое терпеливое воздействие приводят к невозможности укоренения каких бы то ни было нежелательных привычек. И маленькие дети должны в пределах возможного соблюдать порядок вокруг себя, в своих вещах, игрушках, должны быть вежливы со взрослыми и друг с другом, должны уметь здороваться, прощаться, извиняться, если они провинились, должны понимать, что забота о других должна быть поставлена выше, чем забота о самом себе, а все это может войти в плоть и кровь лишь длительным воздействием привычки.

Вот что говорит о значении привычки один из наиболее видных представителей научной психологии Джемс: „Мы должны в самом раннем детстве сделать привычными для себя как можно более полезных действий и остерегаться, как заразы, укоренения в нас вредных привычек. Чем более мелких обыденных действий мы предоставим не требующему сознательных усилий контролю автоматизма, тем более наши высшие духовные способности будут иметь свободы для своей деятельности".

И он же, цитируя слова Бэна, прибавляет: „Мы должны обставить себя всеми возможными условиями, благоприятствующими развитию хорошей привычки, создать обстановку, содействующую ее упрочению, наложить на себя обязанности, несовместимые с дурной привычкой, обставить себя в следовании новой привычке всеми возможными вспомогательными средствами. Все это при начале образования новой привычки создаст такую *обстановку*, благодаря которой соблазн нарушить новые установления не проявится так скоро, как это могло бы быть при других условиях, а с каждым днем соблюдения новых установлений вероятность нарушения их все более и более уменьшается".

Значение привычки в деле воспитания может быть уравновешено значением в этом же смысле примера.

Значение привычки, значение примера... Да кто этого не знает? Не избитые ли это истины, говорить о которых порою просто совестно, как о всяком трюизме? Но присмотримся внимательно к окружающему, отнесемся критически к тому, что творится в нашей семье и школе, и мы неизбежно признаем, что все эти известные, избитые истины остаются отвлеченностями, висящей в воздухе теорией, часто не имеющей с жизнью ни единой точки соприкосновения. Взглянем с надлежащим беспристрастием и строгостью хотя бы только на самого себя, и мы с этим неизбежно согласимся. Как же не повторять еще и еще для сведения каждого, кто участвует в трудном и ответственном деле воспитания детей: помните, что каждое требование, которое вы предъявляете к детям, вы должны прежде всего предъявлять к самому себе, должны неуклонно исполнять его сами. Поймем, наконец, что воспитывают не слово, не нравоучение, а пример, личность воспитателя, то бессознательное внушение, которое незаметно прививает ребенку то, что он видит, свидетелем чего является. Потому-то так велики те требования, которые должны быть предъявлены к каждому, имеющему общение с детьми, а к детской садовнице, руководящей детьми в самом нежном их возрасте, по преимуществу. Детская садовница прежде всего должна сама быть образцом твердой воли, порядливости, исполнительности, спокойствия, вежливости, терпения, кротости и живой, действенной любви, — короче говоря, образцом всего того, что она считает нужным воспитать и развивать в детях. Особенно же следует отметить и подчеркнуть значение и силу кротости, терпения и любви. Ничто так не принижает, не сушит, не коверкает душу ребенка, как злоба, несправедливость, раздражение. Нервный, раздражительный человек вызывает эти же свойства в детях.

„Соотношение между ребенком и руководителем настолько жизненно, что по своей важности превосходит все прочее в окружающей его обстановке",—говорит проф. О'Ши. Личность руководительницы, несомненно, самый ценный по значению предмет в обстановке детского сада.

По нашему глубочайшему убеждению, от нее зависит все: и обстановка детского сада, понимаемая во всем ее многообразии, облик, настроение и развитие детей, и тот дух, которым все дело пронизано. Часто приходится видеть два учреждения, поставленные в совершенно одинаковые условия работы, располагающие одинаковыми средствами. Тем не менее, какая между ними разница! Одно из них являет собой картину порядка, внешнего и внутреннего благообразия; в нем есть вся необходимая обстановка, пособия, в нем царит непринужденная, свободная детская радость. Другое—царство запустения; в нем нет ничего, все обречено на гибель, и не радостью, а недоумением и тоской наполняется сердце при наблюдении жизни его детей. В чем же тут дело? Приглядитесь к жизни того и другого ближе, и все станет ясно. Бездна, разделяющая эти два учреждения, разделяет и духовные ценности руководящих ими лиц. Одна руководительница живет для дела и интересами дела. Поднять это дело, усовершенствовать, дать детям все, что доступно ее силам,— вот цель ее жизни. Другая живет другими интересами, перед ней другие цели, для достижения которых какой-нибудь детский сад является лишь средством; эти цели, вероятно, ею и достигаются... Путь к усовершенствованию наших воспитательных учреждений один, и он совпадает с поднятием образования и усовершенствованием личности педагога. Как этого достигнуть, мы обсуждать не станем. Но вне этого пути нет спасения.

Главнейшим и основным предметом, образующим фон, на котором развертывается все обучение и воспитание в детском саду, является **родной язык**. Всякое преподавание, расширение мира понятий, представлений, знаний совершается при посредстве языка. Способность владеть речью—

основная по своему значению между всеми способностями человека, и на развитие этой способности детский сад должен обращать главное внимание с момента, как ребенок поступает в его ведение. Ведь сад является в этом отношении помощником семьи. Он расширяет, дополняет дело семьи. В тех случаях, когда семья бессильна и в смысле надлежащего развития языка дать своим детям ничего не может, детский сад должен взять это ответственное дело всецело на себя.

Без нормального, всестороннего развития языка немыслимо нормальное, во всех направлениях совершающееся развитие способностей ребенка.

Язык ребенка развивается и совершенствуется путем подражания и черпает свое содержание из конкретной действительности, окружающей ребенка. Отсюда вытекает само собой, что образец языка, которому ребенок подражает, должен быть достоин подражания, а то содержание, на которое его язык опирается, соответствовать интересам, влечениям и запросам детей.

В детском саду образцом, которым дети невольно руководствуются, является язык садовницы; он должен соединять в себе все, что может оказать наилучшее и сильнейшее воздействие на язык детей. Язык садовницы должен быть безукоризненно правилен, литературен, лишен каких бы то ни было дефектов произношения. Говорить с маленькими детьми следует медленно, громко, внятно, чтобы содержание слова никогда не ускользало от их сознания, чтобы слово не превращалось в бессмысленный звук. Речь, обращенная к детям, должна как по своему содержанию, так и по словесному воспроизведению строго соответствовать их возрасту, развитию, знаниям и интересам. Понимание нарушается, как только содержание слова или его форма превосходят способность детского восприятия. По-детски мыслить, грезить, увлекаться, по-детски говорить, оставаясь в то же время на высоте образцовой литературной речи,—вот в чем сила и обаяние детской садовницы.

В детском саду должны быть представлены все виды живой речи, доступные для ребенка дошкольного возраста: беседы индивидуальные и коллективные, рассказывание, заучивание доступных художественных стихотворений, пословиц, скороговорок, описание и сравнение предметов, драматизация и пр. В каждом отдельном случае примером должна всегда являться речь руководительницы, но с неизменной целью — привести к тем же целям проявления речи и самих детей. Но при этом мы никогда не должны забывать, что обучение языку должно неизменно опираться на наглядное обучение, на наблюдение, активное изучение самого предмета, конкретной действительности. Язык приобретает свое содержание, свой внутренний свет и значение от тех предметов, явлений, выразителем которых он является.

Ребенок должен быть окружен собственными детскими интересами, должен жить и развиваться в своем детском мире; язык же должен быть в неразрывном единении с этим миром, с одной стороны, и должен раздвигать, расширять его — с другой. В этом заключается основа всех занятий в детском саду: из личных переживаний, личного опыта, наблюдений, труда формируются и расширяются представления детей, которые попутно и непосредственно закрепляются соответствующим словом. Слово закрепляет, углубляет в сознании ребенка, осмысливает представление, которое, в свою очередь, составляет содержание, ценность и значение слова. Слово является действительной и неиссякаемой сокровищницей лишь в том случае, если оно в любой момент, в любом случае может явиться к услугам человека для выражения его переживаний, знаний, представлений.

Говорящий уже ребенок (а в детском саду нормальные дети говорят все) должен уметь назвать любой из окружающих и интересующих его предметов, передать словом содержание своего рисунка, работы. Рисуя, лепя, строя, сооружая, работая, играя, ребенок передает свое внутреннее содержание, отражает свой внутренний детский мир, конкретизирует свои представления, и его следует систематически приучать все это пояснять и выражать словом. Подобное слово будет наивысшей ценности, оно опирается на содержание, которое близко, дорого, понятно ребенку и вылилось из его души. На развитие речи детей в этом смысле, на соответствующие упражнения речи детский сад должен обращать наибольшее внимание, и ни одно занятие, ни одна работа не должны совершаться без продуманно и методически налаженного участия в них родного языка.

Весь тот вещественный материал, о котором шла речь выше, является прекрасным материалом и для развития речи детей. Без определенного подбора предметов, игрушек, а также картин отпадают все те игры-занятия, которые оказывают такие большие услуги в деле развития и упражнения языка детей.

Обращаем внимание на то, что работы детей являются также прекрасным материалом для специальных, наиболее для них интересных, а потому и наиболее ценных по своему значению упражнений в речи. Продуманный подбор соответствующих пособий, в созидании которых дети должны непременно участвовать, оказывает в этом смысле неизмеримо большие услуги, чем соответствующий же подбор картин.

Картина являет собой неизменяемую группировку объектов, а потому и выдвигает лишь один определенный, на ней представленный момент их взаимоотношения. Любая же работа может варьировать это взаимоотношение до бесконечности, и таким образом выдвигать все новые моменты, предоставляя простор для работы мысли, воображения и для отражения того и другого в речи.

Изображение известного intérieur'а на картине может явиться ценным пособием для изощрения способностей ребенка ориентироваться в том, что он видит, и передавать словом результаты своих наблюдений. Но насколько расширится поле деятельности, каким новым интересом наполнится оно, если тот же intérieur представлен будет в виде модели, малейшая подробность которой будет реальным предметом, который можно взять в руки, передвинуть, представить в совершенно новой комбинации по отношению ко всему окружающему. Ребенок лично создает ту или другую комнату, меблирует ее по своему усмотрению, варьирует обстановку соответственно своему вкусу и потребности момента, оживляет ее присутствием людей-куколок, которые живут в его представлении, потому что их можно передвигать, заменять, переодевать. Благодаря этому его вниманию предлагается не определенная группировка предметов, неизменная в пространстве и во времени, а возможность по своему усмотрению комбинировать тот или другой движимый материал, придумывать ряд новых, друг друга сменяющих моментов; открывается простор для его деятельности, для работы его воображения, дается возможность на основании одного и того же материала бесконечно упражнять свое творчество и речь. А потому на коллекции работ этого рода мы обращаем особое внимание. Руками детей созданные модели человеческих жилищ, двора, сада, сараев и конюшен, леса, луга и пр., оживленные присутствием игрушечных людей и животных, представляют собой материал для упражнения детей в речи, чтении, в описаниях, рассказах такой ценности, с которым ни одна картина сравниться не может.

Казалось бы лишним упоминать о том, что **иностранным языкам в детском саду не должно быть места**. Между тем горькая действительность, к сожалению, слишком часто изобличает, что истина эта усвоена еще далеко не всеми. Мы встречаем сады, в которых занятия ведутся на иностранном языке не только частично, но иногда даже исключительно! Вводить иностранные языки можно в жизнь ребенка лишь тогда, когда он овладел родным языком, когда у него наладился процесс мышления; время это не может совпасть с дошкольным возрастом, в котором дети посещают сад. И непонимание этой истины, влекущее за собою уродливое явление — обучение иностранным языкам детей чуть ли не с пеленок, — приводит к самым печальным последствиям — к нарушению как мыслительной способности ребенка, так и нормального развития основной образующей силы — родного языка.

Родной язык является основным звеном, связующим отдельного человека с народом, к которому он принадлежит. Выковать своевременно это звено — основная задача семьи и школы; и все, что может препятствовать его крепости, что может его ослабить, должно быть устраняемо. Вот что говорит по этому поводу Ушинский:

„На душу ребенка и на направление его развития оказывает огромное влияние язык его народа, этот первый истолкователь природы, жизни и отношений между людьми. То, что соответствует нашим врожденным наклонностям, мы принимаем легко и усваиваем прочно; то, что противоречит этим основам и чуждо им, мы принимаем с трудом и удерживаем слабо. Если язык, на котором начинает говорить дитя, противоречит врожденному национальному характеру, то этот язык никогда не окажет такого сильного влияния на его развитие, как оказал бы родной язык.

Заменяя для ребенка его родной язык чуждым, мы предлагаем ему, вместо истинного и богатого источника, источник скудный и поддельный.

Дух чужого языка, дух чужого народа, создавшего этот язык, пустит глубокие корни в душу ребенка, всосется в его плоть и кровь, и народный язык найдет почву уже занятой. При смешении нескольких языков великий наставник рода человеческого—слово не окажет влияния на развитие дитяти.

Если язык изучается для практического обладания им, то все внимание обращается на практический навык, на правильность выговора, на грамматическую верность, ловкость и общеупотребительность фразы, а не на содержание ее.

Душа ребенка рвется высказаться в родных сочувственных ей формах, в которых ей так легко и удобно развиваться, а ей говорят — нельзя, и эти остановки имеют влияние на всю жизнь ребенка. Тупость ума и чувств, отсутствие душевной теплоты и поэзии, господство фразы над мыслью,—вот результат таких воспитательных забот".

Глубиной и значением этих слов должны проникнуться все родители и воспитатели. Родной язык, его беспрепятственное всестороннее развитие должны быть поставлены в основу воспитания; к его народному духу, его поэзии ребенок должен приобщаться с первых лет жизни. Вот почему, между прочим, никогда, ни по каким мотивам нельзя отнять у ребенка народной сказки.

Как уже было сказано, занятия в детском саду не могут и не должны выливаться в форму отдельных, разъединенных предметов. Детский сад не школа, в нем дети живут, как живут дома, в семье, но лишь в условиях и обстановке, более соответствующих их интересам. Сущность жизни ребенка, ее основное содержание прежде всего игра, а затем самодеятельность, понимаемая, как активное участие во всем, что его интересует, что наполняет его время увлекательным, любимым содержанием. **Основная задача детского сада — дать детям действовать**, занять их работой, которую они любили бы, пользу и значение которой понимали и чувствовали сами.

„Ребенок может действительно понять что-нибудь лишь в том случае, если относительно данной вещи у него есть двигательный опыт, если он что-нибудь *делал с нею*",— говорит проф. О'Ши в своей прекрасной книге „Роль активности в жизни ребенка".

Занимать маленьких детей работой, значение и смысл которой им непонятны,— одна из величайших психологических ошибок. Потому-то следует быть чрезвычайно осторожным при выборе занятий и работ в детском саду. Большинство тех вздорных, ни на что ненужных пустяков, которые, к сожалению, приобрели слишком большое распространение в детских садах, должны быть отброшены раз навсегда. Дети должны производить реальную, нужную, полезную работу; каждое приобретаемое ими знание должно быть неразрывно связано, поскольку это возможно, с практическим его применением, с разумной деятельностью. Уже в дошкольном возрасте дети могут самостоятельно одеваться и раздеваться, чистить и прибирать за собой, всячески себя обслуживать, принимать участие в сооружении игрушек, пособий, ухаживать за животными, птицами, живущими при саде, за грядками цветов и комнатными растениями, принимать посильное участие в стряпне, могут производить массу работ, неразрывно связанных с их преобладающими интересами, и, активно участвуя во всем этом, попутно расширять круг своих знаний, представлений, упражняться в суждении, в мышлении, в речи. И детский сад, понимаемый в этом наилучшем смысле, обставляющий ребенка всем тем, что составляет содержание и действительный смысл детской жизни, воспитывающий его в сознании солидарности со всем окружающим, развивающий в нем навык делать все, что не превосходит его сил, самостоятельно, не рассчитывая ни на чью помощь, не пользуясь ничьим трудом, дает своим питомцам ценность, значение которой во всей их последующей жизни будет огромно.

Приступая к занятиям в детском саду, руководящее ими лицо, ознакомившись с составом ребят, их социальным и семейным положением, степенью их развития, преобладающими интересами, намечает те области для наблюдения и изучения, те занятия, работы, которые оно намерено выдвинуть. В виду того, что у всех детей преобладают всегда одни и те же детские интересы, одна и та же детская психология, план этот может в общем быть разработан предварительно, и только в частностях, в отдельных подробностях, в соблюдении той или другой последовательности его частей придется приноравливаться к данным детям и к местным условиям.

Преобладающее, можно сказать, нормальное состояние всякого здорового ребенка — состояние движения. Маленький ребенок, если он здоров и не спит, находится в состоянии непрерывного движения. **Широчайшую возможность движения должен предоставлять ребятам и детский сад.** Исходя из своего собственного состояния, дети больше всего интересуются всем живым, движущимся. Мир животных, в лице его самых близких, знакомых им представителей, влечет их к себе, способен скорее, чем что-либо, подвинуть их к наблюдению, изучению, к работе, которая непосредственно с ним связана. Если детскому саду выпало на долю счастье существовать в непосредственной близости с природой, не трудно установить дружеское активное общение детей с животными. В городе это труднее, тем не менее в известных пределах возможно.

При детском саде всегда возможно воспитывать собаку, иметь кошку, временных гостей в лице белки, ежика и т. п. Этот живой инвентарь можно увеличить птичкой в клетке (канарейка наиболее годится для этой цели; наших же вольных пташек лишать свободы, разумеется, не следует), золотыми рыбками в аквариуме, обитателями террариума. За всей этой живностью дети должны ухаживать сами, должны сами кормить и поить их, прибирать за ними, чистить, должны наблюдать их нравы, привычки, присматриваться к их внешности, движениям. А это все выдвигает целый ряд интересных, поучительных бесед, осмысленных занятий, работ. Дети сами кормят свою собаку, ходят с ней гулять, играют, избирают ее центральной фигурой своих рассказов, рисунков; она представлена в их лепке, с ее существованием связаны многие работы по ручному труду. Дети учатся выражать словом ее внешность, характер. По аналогии они приучаются описывать и других собак, которые в свою очередь становятся действующими персонажами их рассказов, рисунков, работ.

Таким образом они незаметно приобретают ряд определенных, из конкретной действительности усвоенных знаний и представлений. Опираясь на эти представления, дети имеют постоянную возможность упражняться в речи, упражнять свои внешние чувства, развивать руку, глаз, наблюдательность, и исходной точкой для всего служит близкий, любимый, с жизнью детей тесно связанный предмет.

Все виды детских работ, ручного труда должны вытекать из преобладающих, наиболее интенсивных интересов детей, из жизни и злобы дня. Сооружая, положим, модель двора, на котором должно найтись место и будке их Шарика, они знакомятся исподволь с элементарными приемами столярной работы, которая мало-по-малу, по мере роста их сил и знаний, будет представляться в виде все более сложном и трудном. Правило, от которого, по возможности, в детском саду никогда не следует отступать, заключается в том, чтобы всякую работу детей выдвигала практика жизни, чтобы дети ясно понимали, прочувствовали ее raison d'être, сознавали ее осмысленность, часто неизбежность.

Да возможно ли все это в детском саду? Не верно ли это лишь по отношению к детям более старшего возраста? Не предъявляются ли к малышам в дошкольном возрасте требования, быть может, научно и психологически и обоснованные, но в жизни невыполнимые?—слышим мы возражения.

На сомнения этого рода можно сказать лишь одно: чем моложе ребенок (мы разумеем, конечно, детей, вышедших из младенчества и владеющих речью), тем обязательнее соблюдение всего того, что было изложено выше. Развитие ребенка в дошкольном возрасте совпадает всецело с его активной деятельностью, с его жизнью, игрой, не может быть от всего этого отделено, а потому в детском саду не может и не должно быть места ни одному из приемов, укоренившихся в нашей нереформированной школе.

Совершенно наоборот, и школа должна заимствовать этот же единственно рациональный метод воспитания и обучения путем самодеятельности, сближения с жизнью. Между детским садом и школой не должно существовать никакой грани, переход через которую был бы заметен и чувствителен как для самих детей, так и для лица, руководящего ими. Воспитание—это восхождение по одной и той же лестнице, ступени которой все равны, и переход с одной на другую должен быть всегда одинаково легок и незаметен.

Каждый из предметов, являющихся объектом изучения, специального упражнения на последующих ступенях, фигурирует в детском саду лишь как одно из средств, одна из возможностей для самоопределения ребенка, для проявления его творческой деятельности.

В детском саду нельзя учить ни рисовать, ни лепить. Дети рисуют, лепят по непреодолимой потребности своей души; путем рисования, лепки, как и путем речи, они выражают свое внутреннее содержание, свои мысли, искания. Сад, руководящие лица должны всеми мерами облегчать проявление этой потребности детской души. При рисовании, лепке детям должна быть предоставлена полная свобода выражать свои мысли графически или пластически, как им заблагорассудится; при этом следует лишь обращать их внимание на логические ошибки, да оказывать им помощь, когда они за нею сами обращаются. Лишь очень постепенно и обдуманно вводятся в занятия специальные приемы, клонящиеся к последовательному и методическому ознакомлению с техникой дела.

Ручному труду во всех его проявлениях должно быть отведено самое широкое место в детском саду. Обойтись при этом без обучения детей специальным приемам ручного труда, конечно, невозможно.

Детей надо научить и строгать, и пилить, и клеить, сажать и сеять, мыть и подметать, но при этом никогда не следует забывать, что центр тяжести, конечно, не в этом учении, а в самой работе, творчестве детей. Само же учение допустимо лишь постольку, поскольку оно облегчает эту работу, порою обусловливает ее быть или не быть.

При обучении ручному труду целью является развитие не руки, не глаза, а ума ребенка, всех его духовных способностей. Рука, глаз, все внешние чувства являются при этом лишь средством. А потому физический труд, не обусловленный задачами высшего порядка, не дающий простора творчеству детей, не совпадающий с их интересами, неуместен в детском саду, как бы полезен в узко-физическом смысле он ни был. Нельзя заставлять ребенка бесцельно пилить, строгать; но он сам по собственному побуждению может упражняться в этой работе, сколько ему заблагорассудится. Не следует предлагать ему работу, которая мало говорит его душе, не срослась с его интересами; но по личному желанию он может браться за любую работу, как бы мало, по нашему мнению, она ни соответствовала силам и запросам ребенка его возраста. Лишь на работе, за которую он берется охотно, с полным интересом, следует изощрять его глаз, руку, развивать чувства, знакомить с техникой дела, упражнять физическую силу и учить управлять ею.

Среди обстановки, обильно предоставляющей весь нужный для деятельности детей данного возраста материал, ребенок сам найдет и отберет все, что ему нужно для заинтересовавшей его работы, руководительница же должна поддерживать в нем стремление выполнять работы, лежащие на шаг вперед от тех, которые он уже осилил.

Ручной труд в детском саду, в школе — дело общественное. В деле этом должны преобладать интересы группы, корпорации; работа должна носить характер не узко личный, а общественный, но индивидуальные вкусы не должны также упускаться из виду. Время должно находиться и для работ, имеющих для ребенка личное, интимное значение, связанных с его личною жизнью, личными интересами, совершенно независимо от интересов товарищей.

Воспитанник детского сада, школы обязан принимать участие в общественной работе, связанной с интересами, благоустройством, процветанием сада, школы, расширяющей, углубляющей жизнь корпорации, делающей ее более дружной, интересной; он не имеет права от нее уклоняться, но его священное право создавать, творить и то, что связано лишь с его личной жизнью, с теми сторонами его души, где он царит один, куда товарищам его доступа нет.

Своевременно и методически проведенное **воспитание внешних чувств** ребенка — дело первейшей и колоссальнейшей важности. Представления человека в первую пору его жизни формируются исключительно под влиянием внешнего мира, воспринимаемого внешними чувствами. Создавать эту внешнюю среду, подбирать, комбинировать подробности, из которых она слагается, приучать чувства ребенка реагировать на эти подробности так или иначе, относиться к ним сознательно — в значительной степени во власти воспитания. Весь духовный рост ребенка опирается на его представления. Путем систематического, обдуманного воздействия на разностороннее и стройное развитие представлений детей, руководствуясь их внутренними многосторонними интересами, можно достигать желательных образовательных целей.

Многие подробности внешнего мира, могущие способствовать точности и определенности наших представлений, сплошь и рядом ускользают от нас, проходят мимо нашего сознания только оттого, что мы не приучены контролировать наши чувства, в нас нет сознания необходимости, потребности знать, постигнуть известный предмет досконально, со всех сторон. Мы довольствуемся знанием предмета, явления в общих чертах, схематически, а чаще всего довольствуемся знанием одного слова. Нужно ли распространяться о вреде для умственного развития человека от такого поверхностного, неглубокого изучения действительности? Предотвратить это зло можно только одним путем—методическим воспитанием чувств ребенка, воспитанием глаза, слуха, рук, развитием привычки к наблюдению, исследованию, детальному изучению и запоминанию.

Воспитание это должно начинаться с первых лет жизни ребенка, и дошкольный период для этого наиболее приспособлен. Осмысливая реальные впечатления ребенка, знакомя его непосредственно с предметом среди его природной обстановки, можно попутно, не докучая ему, не злоупотребляя его вниманием, приучить его постигать и запоминать форму, цвет, величину, вес предметов, всевозможные другие особенности их, внешними чувствами воспринимаемые, их взаимоотношение, упражнять в классификации, в простом и сравнительном описании, учить ориентироваться в направлениях, расстояниях, времени.

Ребенок должен не только уметь назвать предмет, но и классифицировать его, определить его цвет, форму, величину, подметить отличие его от других аналогичных предметов, его место, роль, значение в окружающей среде. Любая работа, занятие, игра, наблюдение любого предмета, явления могут служить исходной точкой для воспитания чувств в этом смысле; к этому же ведет целый ряд специальных упражнений по так называемой умственной ортопедии. Упражнения эти развивают в детях утонченность чувств, внимание, речь, выдержку, волю, наблюдательность, ловкость, здоровое соревнование, научают владеть собой. Обращаем внимание на то, что выдвигает, определяет подобные упражнения в большинстве случаев сама практика жизни сада или школы, и что их можно без конца разнообразить. Если ими не злоупотреблять, вести их умно и живо при живом участии и интересе руководящего лица, дети не только не тяготятся ими, но искренно их любят и ими интересуются.

Наиболее детальную, методически проведенную разработку вопроса о воспитании внешних чувств детей дает г-жа Монтессори в своей книге „Дом ребенка". Рекомендуемые ею приемы, а также тот дидактический материал, которым она пользуется, в высшей степени интересны, и познакомиться как с тем, так и с другим должен каждый, причастный к делу воспитания. Тем не менее мы считаем все ее приемы в значительной степени искусственными, обусловленными той искусственной обстановкой, среди которой проводит время большинство питомцев детских домов и садов. Развивать чувства детей следует, по возможности, путем общения их с живыми объектами живой природы, на основании всего того, что выдвигает сама жизнь в своем естественном течении.

Мы уже высказались раньше, что мы не только не являемся противницами искусственного дидактического материала, но, наоборот, мы не считаем возможным без него обойтись, особенно в условиях оторванности детей от природы. Но материал этот должен быть в строгом соотношении с основными запросами и интересами духа детей, и тогда он перестанет быть мертвым. Ребенок одухотворит его с той легкостью, с которой он одухотворяет все, что для него интересно и дорого.

Мир, окружающий детей, достаточно богат и разнообразен, чтобы познакомить их с цветами, с гаммами их нюансов; к этому может привести общение с красками, цветными карандашами и бумагой, раскрашенными картинками и игрушками, не говоря уже о бесконечном разнообразии красок, разлитых в природе, для этого совершенно не нужны те разноцветные мотки, которые фигурируют в домах ребенка г-жи Монтессори и вторгаются в жизнь ребенка без малейшей связи с его основными интересами. И ребенок, безупречно подбирающий эти моточки, может отнестись совершенно бессознательно к спектру радуги. И не лучше ли, вместо того, чтобы заставлять детей, совершенно для них бессмысленно, застегивать петли в какой-то раме, привить им привычку безупречно проделывать это же, когда в этом встречается надобность, на принадлежностях собственного туалета.

Детей следует воспитывать, учить, растить среди природы и при посредстве природы. Это понимают все, но осуществить это, как уже было сказано, труднее, чем что-либо. Детские сады в деревне для крестьянских ребят — дело еще очень отдаленного будущего, и столь же неосуществимы рациональные сады и для детей городского населения. Пока ничего не остается, как изощряться в том, как бы приблизить природу к детям среди беспощадных условий городского существования.

Кое-что сделать в этом смысле всегда возможно. Можно поместить сад на окраине города, озаботиться тем, чтобы в распоряжении его был садик или хотя бы двор. К сожалению, часто и эти минимальные требования оказываются неосуществимыми. И иногда сад, открытый в гуще каменных громад, среди наиболее тесных, заселенных улиц, дети которых не видят ни неба, ни солнечных лучей, является делом более нужным, святым, чем сад на окраине, где природа хоть скупо, но дарит людям свои улыбки. И каждый цветок, появляющийся среди беспросветных будней *этих* детей, каждое взрощенное на их окне растение, каждая прогулка с ними за город, каждая предоставленная им возможность заглянуть хоть одним глазком в одну из страниц той обаятельной книги, которую перед человеком развертывает природа, являются ценностью, уравновесить которую не могут так называемые „новые школы".

Вопрос об экскурсиях, к сожалению, еще мало разработан и не освещен в должной степени. С детьми в дошкольном возрасте в деле этом следует соблюдать особую осторожность. Экскурсия с маленькими детьми является в общем простой прогулкой, во время которой детям должна быть предоставлена полная свобода двигаться, заниматься, интересоваться, чем заблагорассудится, выражать каждому на свой лад свои чувства и переживания. Пусть все восприятия, новые впечатления возникают, начертываются в душе и регистрируются соответственно индивидуальным особенностям и наклонностям каждого.

Но уже в дошкольном возрасте возможно намечать для экскурсии небольшие, легкие задачи, не превосходящие силы детей, к разрешению которых дети должны привлекаться. Задачи эти намечаются заранее; заранее определяются те объекты, на которых желательно сконцентрировать внимание детей, которые должны их обогатить новыми точными представлениями и знаниями. Познакомиться с внешностью того или другого цветка, дерева, насекомого, птички, запомнить их названия, научиться отличать по запаху один цветок от другого, описывать тот или другой предмет, запомнить дорогу, по которой шли, научиться выкапывать растение с корнями и пересаживать его, засушивать растение и т. д., и т. д.,—всего не перечтешь. Лицо, хорошо знакомое с местными условиями, природой, главное со своими детьми, не затруднится перед каждой экскурсией наметить ряд подобных задач, которые детей не только не тяготят, но возвышают интерес и удовольствие прогулки.

К прискорбию, условия жизни большого города, часто климатические условия, не позволяют совершать прогулки за город так часто, как это было бы желательно. В силу необходимости их часто заменяют суррогатом—посещением музеев и выставок. Значение подобных посещений бывает почти всегда отрицательное. Музеев, выставок, приспособленных к интересам детей, их возрасту, психологии, нет вовсе. Школьные детские музеи, соответствующие рациональным задачам обучения и воспитания, требуют особой организации; пока же таковых не имеется, детей, в особенности маленьких, не следует водить ни в музеи, ни на выставки. Крайне подвижное неустойчивое детское внимание требует локализации того материала, с которым желательно детей познакомить, достигнуть же этого в наших музеях крайне трудно. Если водить детей в музей, то с большой осторожностью, ограничивая задачи, елико возможно, умело выделяя из всего моря материала одно лишь потребное. Обычное же хождение с ребятами по музеям только утомляет их, треплет нервы, действует самым пагубным образом на внимание, приучает к поверхностности, к верхоглядству. Неизмеримо целесообразнее пользоваться подвижными музеями, приносить из них в детский сад или школу то, что требуется занятиями и программой дня.

Но еще лучше, чтобы каждый сад, каждая школа имели собственный музей, собственные коллекции, модели, орудий, в изготовлении которых дети должны принимать посильное участие. То, что требуется для детского сада, в сущности так не сложно, что осуществить это собственными силами и средствами вполне возможно.

Нужно ли говорить о том, что на игры в детском саду должно быть обращено огромное и притом продуманное внимание. Значение игр заключается не только в том, что они доставляют детям громадное удовольствие, но они являются путем, наиболее для ребенка приспособленным и психологически обоснованным, ведущим к развитию всех его физических и духовных сил. Игра является основным содержанием жизни ребенка, его работой и развлечением в одно и то же время; она предоставляет его душе широчайшую возможность предстать во всей многогранности своих черт и особенностей. Играет ли ребенок один, или совместно с другими детьми,—игры всегда и при всех условиях открывают простор его деятельности, рвущимся наружу творческим силам, воображению, всем запросам его души.

В детском саду основное внимание должно быть обращено на игры общественные, являющиеся наилучшим путем для развития в детях чувства общественности, понимания того, что такое рациональная общественная дисциплина, но никогда не упустим из виду и интересов индивидуальной игры детей. Ребенку должна быть предоставлена возможность уединяться, чтобы предаваться тем играм и занятиям, которые влекут его одного, не поступаясь собственными влечениями и не мешая никому из товарищей. В виду этого крайне желательна в каждом детском саду так называемая индивидуальная комната.

Считаем нужным сказать несколько слов и о так называемых имитационных играх, в которых дети разными движениями, обыкновенно под музыку, подражают разного рода действованиям; так, они сеют, дергают, мнут лен и т. п. Игры эти следует выдвигать только в тех случаях, когда дети конкретно знакомы с работой, которой они подражают, имеют о ней реальное представление. В противном случае такая игра является сплошной бессмыслицей.

Особого внимания заслуживают и игры с пением. К ним следует относиться с осторожностью в трех отношениях: не упускать из виду музыкальной ценности песенок, которыми они сопровождаются; предъявлять строгие требования к литературной ценности стишков, переложенных на музыку (в этом смысле большинство таких песенок выдвигает возмутительный в литературном смысле текст, коверкающий и опошляющий язык детей), и опасаться, чтобы совместное усиленное воздействие на сердце и легкие ребенка двух таких факторов, как движение и пение, не причинило ему вреда.

Подвижные игры должны заменять гимнастику, которая, как таковая, не допустима в детском саду. Только в отдельных случаях допускается гимнастика индивидуальная, как лечебное средство.

Где дети,—там место игрушкам, а потому ни один из детских садов не должен преминуть обзавестись игрушками. Кто знает детей, знаком с детской психологией, поймет, что это один из тех вопросов, для разрешения которого материальных средств требуется меньше всего.

Ребенок увлекается игрушкой, не как таковой; он ценит в ней точку отправления для длинной цепи проявлений своей души, своей деятельности, творчества. Потребность же в творчестве в ребенке так сильна, что любой пустяк может явиться исходной точкой для ее проявления. В этом смысле прочная, незатейливая игрушка, открывающая ребенку простор самому что-то делать, при помощи ее что-то творить и созидать, несравненно ценнее и дороже детям любой замысловатой и дорогой, которой ребенок может только любоваться, и с которой он не знает, что начать.

В изготовлении многих игрушек дети могут участвовать сами. Напилить из длинного бруска деревянные кирпичики для построек, мастерить тряпичных и глиняных кукол, незамысловатую кукольную мебель, экипажи, вылемить посуду, сооружать деревянные и карточные постройки,—все это и многое еще по силам детей, посещающих детский сад.

Игрушки являются общественной собственностью детского сада и должны храниться в вместилищах, облегчающих беспрепятственное пользование ими детей. Но мы не можем себе представить ребенка, абсолютно лишенного личной собственности. Такой собственностью маленького ребенка является весь тот, по мнению нас, взрослых, „хлам", который дети так любят коллекционировать и который является ценнейшим материалом для психолога в целях уяснения вкусов, наклонностей, интересов и степени развития ребенка. Мы не воздвигнем гонения на этот „хлам", и он будет храниться в индивидуальных ящиках детей, наравне с доверенным лично каждому из них общественным имуществом (ножницы, кисточки, карандаши, краски и т. п.).

Эстетическое воспитание, наравне с физическим и умственным, начинается с первого года жизни ребенка. В детстве человек проявляет больше эстетических наклонностей, чем в течение всей последующей жизни, когда проза и тиски жизни заглушают многое из врожденных порывов к прекрасному. Способствовать нормальному беспрепятственному росту врожденного эстетического чувства человека—одна из основных задач, между прочим, и детского сада.

Руководя воспитанием детей в этом смысле, следует всегда и во всем исходить из следующего основного положения: эстетическое воспитание никогда не должно выливаться в упражнение в технике искусства; оно должно лишь пробуждать в детской душе эмоции эстетического свойства, развивать и углублять чувство прекрасного, потребность и умение прекрасным наслаждаться. Эстетическое воспитание, особенно в раннюю пору детства, исключает всякое теоретическое преподавание. В нем не должно быть ничего принудительного для детей, тягостного. Где начинается принуждение, неудовольствие, протест детской души, об эстетическом воспитании не может быть и речи.

Дети детского сада должны рисовать, лепить, петь, но их собственное творчество в сфере искусств не совпадает с задачами правильно понимаемого эстетического воспитания. Частое повторное восприятие чистых, вне человека находящихся художественных образов—вот в чем заключается сущность эстетического воспитания. Воспринимая красоту, разлитую вокруг него, ребенок мало-помалу становится чутким ценителем всего прекрасного, приобретает в лице прекрасного неизменного друга на всю последующую жизнь.

Руководительница, удовлетворяющая всем требованиям, которые могут быть к ней предъявлены, как к таковой, должна сама уметь играть на рояли и петь настолько, чтобы руководить развитием слуха и музыкальности детей. Если она этого не может, необходимо участие в ее работе другого, музыкально подготовленного лица. В детском саду должен быть рояль, и детям должно быть позволено свободно пользоваться им, сообразуясь, конечно, с тем, чтобы не причинять, по возможности, беспокойства окружающим. Рояль влечет к себе детей; они любят перебирать пальцами клавиши, находят в этом какое-то глубокое внутреннее удовлетворение. И звуки, которые раздражают слух постороннего, приводят часто к тому, что ребенок сам извлечет из клавиатуры ту или другую известную ему мелодию. Это путь к формированию слуха. За невозможностью иметь рояль, его следует заменять каким-нибудь другим музыкальным инструментом: цитрой, ксилофоном и т. п. Следует стремиться к тому, чтобы дети слышали хоровую музыку в исполнении взрослых.

„Вкус не может развиваться на посредственных вещах, но только на самых лучших",—сказал Гете. Обставить детей так, чтобы вкус их мог развиваться на лучших образцах в сфере живописи, пластики, музыки, живого художественного слова,—вот в чем заключается задача эстетического воспитания. Художественные картины на стенах, доступные детям по содержанию и форме, такие же иллюстрации в детских книжках, простая выразительная песня, особенно сильно влияющая на внутреннее чувство нежностью мелодии и ясностью ритма, художественная, выразительно прочитанная сказка или стихотворение, образный рассказ, красота природы, с которой детей следует, елико возможно, знакомить, любая вещь, о красоте и благообразии которой мы позаботимся,—вот те факторы, которые должны исподволь, не назойливо, но настойчиво наполнять душу ребенка теми чистыми, прекрасными образами, которые будут из нее вытеснять все низкое и пошлое.

Но не забудем никогда, что к самым обоснованным, внешним воздействиям, рассчитывающим на художественное восприятие ребенка, последний может привыкнуть, как к жужжанию мухи, может оставаться глух и слеп к художественным образам, которые предстают перед ним не в должном количественном и качественном отборе, не в надлежащее и соответствующее время. Выбрать время, когда легче, удачнее всего можно вызвать в душе ребенка эстетическую эмоцию,—задача очень важная и не легкая. Самая ценная художественная картина может сыграть в классе роль обоев, а наилучшее художественное чтение или музыка—осенней капели.

Следует еще прибавить, что соблюдение вокруг ребенка во всем порядка и чистоты, приучение его самого к поддержанию этого порядка входят в число тех приемов, без которых художественное воспитание немыслимо.

Поддерживать в детях **радостное настроение**—задача, которой ни один воспитатель забывать не должен. Радость—это та атмосфера, в которой пышно расцветают физические и нравственные силы ребенка, это тот рычаг, который удесятеряет энергию, бодрость духа, стремление к достижению, питает любовь и благорасположение.

Радостью должна быть пропитана, насколько это возможно, вся атмосфера детского сада, но и там, где удастся этого достигнуть, необходима забота о том, нужны специальные мероприятия, чтобы детская радость вспыхивала от времени до времени особенно ярко, чтобы в жизни детей выдавались дни, отличающиеся по интенсивности чувства радости от будничного, ровного течения времени, дни, являющиеся теми этапами, на которых впоследствии с благодарностью и умилением будет останавливаться воспоминание взрослого человека.

Природа человека вообще, а природа ребенка в частности жаждет новых впечатлений, нуждается в обновлении восприятий, из которых слагается обычное течение жизни, нуждается и в обновлении чувства радости. И как мало нужно, чтобы удовлетворять в этом смысле запросы маленького ребенка, не испорченного жизнью и воспитанием! Отметим дни рождения детей пирогом или чаепитием, зажжем вечером в саду пару цветных фонариков, приготовим для виновника торжества незатейливый подарок, устроим летом чай не на балконе, как обычно, а в ближайшей роще,— этого более чем достаточно, чтобы потускневшее чувство радости детей вспыхнуло новым, ярким, согревающим и обновляющим душу пламенем.

Обращаем особое внимание на то, что основным, поистине чудодейственным источником детской чистой радости является природа со всем тем, что она несет детям наиболее для них ценного и интересного.

Особенно же яркими моментами в жизни детского сада в смысле обновления чувства радости детей являются детские праздники. Устройство их желательно, и чем беспригляднее, серее, тяжелее домашняя жизнь детей, тем обязательнее. Значение этих праздников огромно и не только, как путь к культу чувства радости, но и как средство к оживлению тех духовных и физических сил детей, тех интересов, которым иногда в ровном течении повседневности не удается себя проявить.

Праздники, приноровленные к временам года, к тем или другим явлениям природы, к событиям общественной жизни, особенностям быта и традициям, праздники, связанные с теми или другими религиозными воспоминаниями, должны быть обычны в детском саду. Нужно ли говорить о том, что педагогическое чутье руководящих лиц не должно позволить преступить в этом отношении ту границу, за которой всякое, даже наилучшее впечатление, воспринимаемое в излишнем количестве, утрачивает ценность и обаяние незаурядного, праздничного, исключительного явления.

Желательно, чтобы на праздники детского сада приглашалась семья, родители.

Допустимо ли в детских садах усвоение детьми грамоты? Прежде чем отвечать на этот вопрос, следует разобраться во взаимоотношениях детского сада и школы. Если возможно установить (что очень легко при старом и совершенно нерациональном понимании этого вопроса), что здесь вот детский сад, а там школа, что сегодня дети в детском саду, а завтра они будут в школе, то ответить на этот вопрос очень легко,—в таком детском саду не должно быть места грамоте, понимаемой в обычном школьном смысле. Но в том-то и дело, что между детским садом и школой никакой демаркационной черты не существует и существовать не должно. Старшая ступень детского сада на треть уже школа, а младшая ступень школы на треть еще детский сад. Возраст детей на этих ступенях определить невозможно. Одни достигают их раньше, другие позднее, но несомненно, что на этих переходных ступенях грамота вполне допустима при условии, конечно, чтобы сущность дела воспринималась детьми охотно и легко. Мы лично не имеем ничего против усвоения грамоты даже на более ранней ступени, лишь бы усвоение это давалось легкими, интересными путями, не производящими ни малейшего насилия над душой ребенка. Усвоение, совершающееся сознательно, легко, с влечением и интересом, ни в одном смысле не может повредить нормальному росту ребенка.

Мы убеждены в том, что среди нормальных условий, обстановки, в этом смысле глубоко обдуманной, усвоение детьми грамоты должно совершаться тем же вполне самостоятельным и незаметным путем, каким совершается усвоение ими речи [1]).

Что касается счета, то первый десяток не только может, но должен быть усвоен в дошкольном возрасте, и притом усвоен без всяких систематических и специаль-

---

[1]) См. брош. „Естественный способ усвоения детьми грамоты" М. Морозовой и Е. Тихеевой.

ных приемов учебного характера. Сама жизнь детского сада, занятие детей, их работы, игры выдвигают неисчислимое количество моментов, которые могут быть использованы в целях усвоения детьми счета в пределах, доступных их возрасту, и усвоение это, совершенно непринужденно и легко, закладывает в душе ребенка тот фундамент математического мышления, который оказывает такие огромные услуги как учителю, так и ученику, когда школа выдвигает научное и систематическое обучение арифметике [1]).

Исходя из всего вышеизложенного, задумаемся теперь над тем, **возможна ли общая программа** для занятий в детских садах,—программа, которой могли бы руководствоваться все лица, приставленные к этому делу, возможно ли установление в общих чертах объема тех сведений представлений, которые могут быть усвоены более или менее всеми детьми в дошкольном возрасте, тех занятий, работ, игр, которые не только доступны, но, может быть, и обязательны для всех детей. И не взирая на неоднократно выдвигаемое нами положение, что работу в детском саду не должно стеснять никакими рамками, предписаниями, что она должна вытекать из особенностей индивидуальности детей, из условий места, времени, среды, мы тем не менее высказываемся за то, что такая программа возможна. Понятие „ребенок", при всей сложности сторон, из которых оно слагается, при всем бесконечном разнообразии детских индивидуальностей, особенностей, заключает в себе что-то однородное, определенное, во всем объеме постоянное. Психология ребенка, его потребности и интересы, законы развития его души одинаковы для всех детей, без различия времен и народов. Потому вполне возможна программа, которая, при умении пользоваться ею, при умении смотреть в корень дела, окажет не малые услуги каждому, кто к этому делу приставлен.

Программа эта, весь выдвигаемый ею материал предоставляются на благоусмотрение детской садовницы. Ее

---

[1]) См. „Счет в жизни маленьких детей" М. Морозовой и Е. Тихеевой.

дело — их рассмотреть и изучить, отнестись к ним критически не только с точки зрения их безусловной ценности, но и применительно к детям и условиям, среди которых ей приходится работать. Из всего предлагаемого ей она воспользуется лишь тем, что не только не будет находиться в противоречии с намеченными ею путями и целями, но облегчит ей этих целей достигнуть.

Мы понимаем такую программу, как сводку тех представлений и знаний, которые доступны для ребенка дошкольного возраста, развивающегося в условиях нормального детского сада; но мы высказываемся категорически против тех шаблонных программ, которые кладут в свою основу определенные беседы, связывая их с другими занятиями и распределяя их к тому же по месяцам, чуть ли не по дням и часам. Составители таких программ имеют, очевидно, самое смутное представление о сущности детского сада и о психологических основах, на которых в нем ведутся занятия. Для них эти занятия то же школьное учение, притом школьное в старом смысле понимаемое. Как они могут знать, что требуется для неведомого детского сада, как, в каком виде, в каком словесном виде та или другая тема может быть в нем проработана? Не от жизни, а от своих умственных изощрений исходят они, а это путь для детского сада абсолютно неприемлемый. А потому, повторяем, программа должна давать лишь подходящий для дошкольного возраста, научно проработанный материал, а как им воспользоваться — дело самой руководительницы.

Главное же, приступая к занятиям в детском саду, мы должны прежде всего себе уяснить, из чего эти занятия будут слагаться, как в общем, так и в частностях, и задать себе вопрос, знакомы ли мы со всеми видами этих занятий в должной и достаточной степени. Прежде чем предлагать детям те или другие игры, подводить их к разнообразным видам ручного труда или искусствам — рисованию, лепке, музыке, знакомить их с разнообразными видами живого слова, мы должны заранее проработать весь этот материал сами, основательно его усвоить. Мы должны проиграть все игры, которые мы признали необходимыми и полезными, проделать все виды ручного труда, выбрать подходящие сказки и рассказы и научиться рассказывать их, составить репертуар песен и самим их пропеть, отобрать пригодные для данного возраста стихотворения. Чем богаче и разнообразнее будет этот запас заранее заготовленного материала, неизменно отборного и безупречно доброкачественного, соответствующего данному возрасту, тем легче и глаже пойдет наша работа, тем больше она даст детям радости и развития, а нам удовлетворения. В процессе самой работы всех нужных сведений и навыков не приобретешь. Работая, можно только пополнять основной уже готовый запас, выбирать из него то, что нужно в данный момент, что является очередной задачей нашей работы. Фундамент же должен быть заложен раньше. На программу наших занятий, в этом смысле понимаемую, мы обращаем особое внимание. Не имея такой программы, не усвоив всех предметов, из которых она слагается, никому не советуем приступать к работе. И эта программа должна быть программой максимумом. В процессе работы мы извлечем из нее все то, что составит ту программу минимум, которая должна быть детьми проработана и усвоена во что бы то ни стало, под нашим, конечно, руководством и участии.

Детский сад может работать плодотворно, может приближаться к намечаемым им целям только в том случае, если между ними и семьей установится неразрывное единение, если семья будет оказывать ему благожелательную и непринужденную поддержку. Ведь он воспитывает детей в том возрасте, про который Песталоцци сказал, что мать и ребенок должны составлять одно понятие. Какими бы соображениями ни обусловливались необходимость отдачи своего ребенка в детский сад, невозможность предоставить ему рациональное воспитание в дошкольном возрасте в недрах семьи, мать не должна порывать духовного общения с ним, должна, поскольку это возможно, совместно с лицами, взявшими на себя труд участвовать в его воспитании, обсуждать каждый шаг этого воспитания, быть осведомленной насчет каждой подробности его, насчет малейшего достигаемого им результата. Мать должна иметь доступ в детский сад, конечно, при условии ненарушения установленного порядка и соблюдения всех правил, обязательных для всех посетителей и сотрудников сада. Желательно, чтобы каждая семья принимала посильное участие в работе сада, в преодолении тех трудностей, которыми, к сожалению, изобилует тернистый путь, по которому большинству садов до сих пор приходится шествовать.

Но здесь невольно возникает вопрос: да могут ли родители быть соучастниками воспитательных учреждений в трудном деле воспитания их детей? Ведь они сами в массе педагогически безграмотны и несведущи, насквозь пропитаны семейным и родительским эгоизмом. Каждый, кто близко стоит к детским учреждениям, должен признать, что в деле общественного воспитания родительский вопрос является наиболее острым и больным, вносящим в работу педагога трения, наиболее трудно преодолимые. И в этом смысле равны все родители, без различия их культурного уровня и степени образования. И подчас с маменькой с высшим образованием поладить гораздо труднее, чем с безграмотной работницей. Высшие курсы не заронили в ее голову ни одной здравой педагогической мысли, не пробудили ни одного интереса, ничего не сделали для того, чтобы хоть сколько-нибудь подготовить ее к труднейшей из обязанностей — матери-воспитательницы.

И заботясь о педагогической подготовке учителей и воспитателей для общественных учреждений, мы никогда не должны упускать заботы о широком насаждении педагогического образования в массах вообще и ради другой цели — создания педагогической культуры в семье, педагогического просвещения отцов и матерей.

Стать же отцом или матерью — счастливый удел большинства людей. Пусть же люди поймут, что осуществление грезы жизни великого энтузиаста Песталоцци — усовершенствовать, осчастливить человеческий род путем воспитания — зависит прежде всего от тех, кто жизнь человеку дает.

Недаром, к великой цели педагогического просвещения матерей, выяснения в их сознании законов развития ребенка и тех путей и методов, которые к этому развитию ведут, с одинаковой страстностью стремились Песталоцци и Ушинский, эти два великих педагога, столь чуждых друг другу по национальности.

Не должно существовать ни одного учреждения, пополняющего общее образование взрослого человека, в план и программу которого не были бы включены педагогические дисциплины. Если эти учреждения ограничатся тем, что будут только будить педагогическую мысль, зажигать интересы, приоткрывать горизонты, за которыми скрыты вопросы воспитания, и поощрять людей к дальнейшим исканиям, ими будет уже сделано очень многое.

Большая воспитательная роль в этом смысле выпадает и на сами детские воспитательные учреждения. Детский сад, очаг обязательным для них общением с родителями своих детей не могут не способствовать педагогическому просвещению семьи, если их педагогическое дело ведется, как следует.

Изучайте детей! — вот лозунг современной воспитательной теории. На знании индивидуальности ребенка, его особенностей, всех его черт и сторон, находящихся в зависимости от условий, среди которых он живет, стройте всю систему его воспитания и обучения. Задача эта трудная, до того трудная среди условий существования большинства современных детских садов, перегруженных и детьми, и работой, что мы готовы признать ее в полном объеме неразрешимой. Затруднения, встречающиеся на этом пути, обусловливаются еще тем, что среди нашего руководительского состава почти нет лиц, знакомых с экспериментальной педагогикой и психологией и рекомендуемыми ими методами наблюдения и изучения ребенка. В большинстве случаев наши руководительницы просто не знают, как взяться за это дело, с чего, начать. И несколько беглых слов на эту тему, конечно их ничему не научат. Тем не менее мы считаем нужным коснуться и этого вопроса хоть в общих чертах.

коснуться ее хотя бы в общих чертах. Ребенок поступает в детский сад 4—5 лет. Эти несколько лет, предшествовавших его поступлению, уже оказали известное влияние на его духовный облик. Руководителям воспитания в детском саду следует с результатами этого влияния познакомиться. Достигнуть этого можно двумя путями: посредством расспросов родителей и опроса самих детей. Первое особенно трудно, как потому, что родители отзываются редко и неохотно на подобного рода посягательства на них со стороны руководителей воспитательных заведений, так и потому, что в большинстве случаев родительские показания крайне субъективны, пристрастны и не соответствуют истине. Опросить детей гораздо легче. Осуществить это можно посредством определенных анкетных листов, в которые заносятся ответы и показания каждого вновь поступающего ребенка. Подобная анкета хоть до некоторой степени откроет общую картину познаний, развития, особенностей детей, с которыми придется иметь дело [1]).

Очень желательно также, чтобы в детском саду для каждого ребенка существовала особая тетрадь для записей. Обращаем внимание на две книжки, которые в этом отношении могут оказать большие услуги: „План исследования детской души" Г. И. Россолимо и „Программа исследования личности" А. Ф. Лазурского. Познакомиться с ними, извлечь из них хотя бы только то, что безусловно может пригодиться в данных условиях работы, обязательно для каждого воспитателя. Но мы должны признать, что пользование ими систематически, во всем объеме выдвигаемых ими задач,—дело трудное, требующее бездны времени, которого почему-то всегда так мало во всех сферах русской действительности. Но пусть каждый помнит, что и простая бесхитростная запись наблюдений, хотя бы наиболее ярких и характерных, имеет огромное значение. Подобные записи доставляют в итоге материал, быть может, не всесторонний и не всеобъемлющий, но ценность которого в интересах дела и изучения ребенка неоспорима. По нашему мнению, естественный эксперимент, понимаемый как наблюдение ребенка в естественных условиях

---

[1]) Образец анкетного листа помещен ниже.

его обычной жизни, имеет несравненно большее научное и психологическое значение, чем эксперимент лабораторный, для которого мы считаем ребенка дошкольного возраста абсолютно неприспособленным.

Из всего вышеизложенного вытекает само собой: для того, чтобы детский сад мог хоть до некоторой степени справляться с теми многочисленными и трудными задачами, которые им намечаются, необходимо, чтобы число его воспитанников не превышало той нормы, которая делает его плодотворную работу возможной. К сожалению, большинство детских садов, как у нас, так и за границей, являются не воспитательными учреждениями, а дневными приютами для малых ребят. Там, где на одну руководительницу приходится 30—40 детей, а иногда и больше, не может быть, конечно, и речи о разрешении тех задач, соблюдении тех условий и постановлений, о которых речь была выше. В отделении сада, заведуемом одним лицом, число детей не должно превышать 15. В силу разных условий, главным образом экономических, часто бывает трудно не отступать от этого правила. Но ведь эти-то экономические условия наравне с нашей неподготовленностью к делу, недостаточно глубоким пониманием его основных сторон и приводят к тому, что у нас вообще мало детских садов, а существующие так далеки от той высоты, на которой им следовало бы быть.

В учреждении, в котором дети пребывают весь день, для занятий с нормированной группой детей требуются две руководительницы, сменяющие друг друга в работе. Само собой разумеется, что они должны мыслить педагогически одинаково, говорить на одном педагогическом языке и работать в строгом контакте. Низший служебный персонал в детском саду, в котором дети пребывают в течение полудня, может быть представлен в одном лице, совмещающем обязанности по кухне и по уборке помещения. Для сада, в котором дети остаются весь день, требуется не менее двух лиц. Няни не нужны вовсе. Труд по привитию детям всех нужных навыков должны брать на себя сами руководительницы. Первое время возни с новыми детьми сопряжено в этом смысле с большими трудностями, но значение именно этого времени в воспитательном смысле колоссально. Педагогически грамотную няню найти трудно. Работа обыкновенной няни сводится к тому, чтобы облегчить свой собственный труд; ей легче лишить ребенка самодеятельности и исполнять за него все самой, чем с усидчивостью и терпением приучать его обходиться без посторонней помощи.

Детский сад, работающий вдумчиво и серьезно, достигающий тех или других удовлетворительных результатов, имеет значение не только, поскольку он служит делу воспитания самих детей; он ценен еще как лаборатория педагогических мыслей и теорий, в которой могут поучаться все интересующиеся его работой. Поэтому, казалось бы, доступ в детский сад должен быть предоставлен не только родителям, но каждому стучащему в его двери со своими исканиями и запросами.

Но практика жизни приводит к обратному выводу. Интересы детей отнюдь не допускают такого категорического решения этого больного вопроса. Детский сад, семья не могут и не должны уподобляться проходному двору. Постоянная смена посетителей нарушает ту интимную жизнь детей и руководительницы, в которой им всем так хорошо и уютно. Потому-то мы и рекомендуем относиться к решению этого вопроса с величайшей осторожностью.

Чтобы работа сада, направленная к поучению педагогических масс, выливалась в возможно широкие рамки, следует устраивать при саде периодические **выставки детских работ**, рисунков и других видов творчества детей, диаграмм и таблиц, освещающих деятельность сада, дневников и пр. Считаем при этом нужным обратить самое серьезное внимание на то, что подобные выставки должны возникать помимо сведения детей и участия последних в их организации. Ребенок не может уразуметь доводов, которыми руководствуется взрослый, выставляя его работы, и влияние подобных выставок на сознание ребенка может быть только развращающим.

Библиотека при детском саде должна состоять из двух отделов: книг для руководительницы и книг для детей. Первый отдел образуют главнейшие педагогические сочинения, освещающие вопросы физического, умственного, нравственного и эстетического воспитания, а также книги справочного характера. Второй — книги-картинки, предназначенные для личного пользования ребенка, и книги с литературным содержанием; по последним можно читать детям вслух и, что еще важнее, заимствовать из них содержание для рассказов.

Дети в детском саду читать не умеют, а потому книги, назначаемые для дошкольного возраста, в тексте не нуждаются. Приняв в соображение, что текст подобных книжек, в большинстве случаев, ниже всякой критики, что, однако, почти никого не останавливает читать его детям, мы готовы признать наличность такого текста в книге вредным. Изящная внешность, удачный как по содержанию, так и по художественности выполнения подбор иллюстраций, — вот что должно выдвигаться на первый план.

Мы уже говорили о том, что в детском саду рассказ должен всегда предпочитаться чтению. Придумывать рассказы на все темы, по всем вопросам, которые может выдвинуть жизнь, — дело не всегда легкое. Потому-то и необходима обдуманно составленная библиотека книг по отделам, из которых руководительница может черпать содержание для своих рассказов.

Каждый детский сад должен стремиться к тому, чтобы обладать собственным музеем. Музей этот образуют: нужные пособия и занятия, в оборудовании которых, по возможности, должны участвовать сами дети, дидактический материал по развитию внешних чувств, усвоению графической речи и счета, образцы игрушек, детских работ и рисунков, коллекция потребляемых материалов, инструментов, подбор картин, анкетных листов, дневников, записей, диаграмм и т. п.

Браться за трудное и ответственное дело воспитания вообще и детей в дошкольном возрасте в частности должны только подготовленные лица; и подготовка требуется продолжительная, основательная и всесторонняя. Относиться к этой подготовке следует с той серьезностью и обдуманностью, без которых ни одно большое живое дело не может дать благих результатов.

Научно понимаемое воспитание опирается на изучение ребенка. Изучение же ребенка—дело огромной трудности. Оно требует специальной широкой научной педагогической подготовки, которая должна обнять в возможно полном объеме все научные дисциплины, без знания которых правильно поставленное изучение ребенка невозможно. Дать такую педагогическую подготовку может только высшая школа. Требования, предъявляемые к воспитателю, увеличиваются, если они относятся к воспитателю дошкольного возраста. Воспитывать ребенка в первые годы жизни, отвечать на запросы еще нетронутого, развертывающегося духа может человек, многосторонне и широко образованный, и мы выдвигаем требование, чтобы лица, руководящие воспитанием детей дошкольного возраста, были люди с высшим образованием. Рассчитанные на четырехлетний курс программы педагогических институтов, которые займутся образованием таких лиц, должны уделять первое место и внимание таким наукам, как психология и естествознание. Без уменья хоть сколько-нибудь разбираться в свойствах и особенностях человеческой души, без знания природы, этого главного и основного учителя ребенка, никто никогда не явится тем руководителем, в котором воспитание ребенка дошкольного возраста прежде всего нуждается.

И как трудно найти лиц, удовлетворяющих всем этим требованиям! Жатва богата и обильна, а делателей мало. Призвать этих делателей к жизни—вопрос первейшей и существеннейшей важности. Способствовать его разрешению могут только специальные педагогические учреждения, представленные в потребном количестве. Забота о возникновении подобных учреждений должна лежать как на государстве, так и на обществе.

В переживаемое нами время, когда спешная подготовка работников является делом первейшей важности, мы признаем в виде компромисса необходимым открывать и краткосрочные курсы, длительностью, однако, не менее одного года. Такая педагогическая подготовка должна быть минимальной. Не получившие ее не могут вступать в работу в роли основных руководителей воспитательными учреждениями и ни в каком случае не должны быть уравниваемы в правах с квалифицированными силами.

Цикл всех представлений и знаний, которые, по нашему мнению, было бы желательно разработать и осветить для облегчения труда занимающихся в детских садах и на младшей переходной ступени школы, распадается на следующие отделы:

1) Семья и детский сад. 2) Город. 3) Деревня. 4) Поле и луг. 5) Лес. 6) Вода. 7) Времена года. 8) Жаркие и холодные страны. Дополнением к ним должен явиться еще отдел „Игры детей".

Одновременно с первым изданием настоящей книжки мы наметили к изданию ряд соответствующих выпусков. Содержание каждого выпуска должно было заключаться в следующем: материал для руководительницы, исчерпывающий все то, с чем желательно на определенную тему детей познакомить; литературный материал, назначаемый для самих детей: рассказы, стихотворения [1], песни, пословицы и т. п.; темы для бесед и упражнения по развитию речи; указания работ, которыми отдел может быть иллюстрирован, список книг по данному отделу.

Работа эта почти готова, но издать ее мешают трудности настоящего времени; все же мы не теряем надежды, что нам это удастся в недалеком будущем.

Само собой разумеется, что каждый руководитель должен будет пользоваться предлагаемым материалом соот-

---

[1] Два сборника стихотворений для детей дошкольного возраста уже вышли под заглавием „Нюшины стихи" и „Павликины стихи". Сост. Морозова и Тихеева.

ветственно тем запросам и требованиям, которые выдвигают жизнь и условия сада или школы, в которых ему приходится работать. Тот или другой выбор материала, распределение его в смысле последовательности прохождения, комбинирование его отдельных частей, исправление, дополнение и многое еще должно лежать на обязанности детской садовницы. Творчеству в ее работе должен быть предоставлен полный простор; намечаемые нами выпуски должны только облегчить эту вполне самостоятельную работу.

Постараемся теперь разъяснить те методы, приемы, пути, которые должны привести к целям, выдвигаемым нами при занятиях в детском саду.

Как уже было сказано, исходной точкой для каждого ряда представлений, намеченного для усвоения детьми, должно быть наглядное чувственное восприятие. Если вы хотите познакомить детей с лесом, совершите с ними экскурсию в лес. Если это невозможно, овладейте их душой посредством живого образного рассказа, углубите впечатление при посредстве картин кинематографических, волшебного фонаря и простых, наглядных пособий, моделей. Пусть дети выполнят ряд работ, связанных с темой о лесе; проделают на выдвинутом интересами дня материале ряд упражнений в речи; заинтересуйте их соответствующими загадками и пословицами, организуйте игры, заставьте пропеть песенки, имеющие отношение к той же теме.

Как скоро будет развертываться эта стройная ассоциативная цепь, в какой последовательности звеньев, когда она сомкнется, предрешать невозможно; следует лишь позаботиться о том, чтобы каждому из этих звеньев были уделены и время, и внимание, и все это не вылилось в форму неверно понимаемой центральной идеи.

Элементы занятий будут, следовательно, таковы:

1) Экскурсия.	Живой рассказ.
Разборка собранного материала дома.	Наглядн. пособия.
	Картины.
Беседа с детьми о виденном.	Беседа.

2) Работы детей, рисование, лепка и пр.
3) Чтение детям соответствующей литературы (проза, стихотворения).
4) Упражнения в речи на соответствующем материале.
5) Упражнения для развития чувств на том же материале.
6) Загадки, поговорки, пословицы.
7) Игры.
8) Пение.

Беседы будут распределены соответственно своему содержанию по отделам, нами намечаемым, и будут проработаны по темам. Делаем мы это для того, чтобы облегчить труд руководительницы по приисканию материала, когда ход ее занятий с детьми, наблюдения, столкновения с природой приведут ее к необходимости провести беседу на определенную тему; для этого мы предоставляем ей весь тот материал, который нужен именно для данного случая. Но из этого, само собой разумеется, не следует, что все наши беседы должны вестись в той последовательности, в которой они будут помещены в книге, или что они должны воспроизводиться в рабской зависимости от предлагаемого образца. Мы уже говорили о том, что в детском саду не должно существовать заранее составленной и предначертанной программы, установленных шаблонов; любая книга, в том числе и наша, может быть полезна только постольку, поскольку *она облегчает вполне независимую и свободную работу руководительницы*.

Будучи убежденными противниками систематизации, регламентации знаний для детей дошкольного возраста, мы являемся столь же убежденными сторонниками того, что в книге, назначенной для пользования лиц, руководящих детьми, должны быть и план, и система. В последнем же, старшем отделении детского сада, непосредственно предшествующем поступлению детей в школу (6—7 л. возраст), необходимо упорядочение, некоторая систематизация тех знаний и представлений, которые были приобретены детьми во время их пребывания в детском саду, а потому известная сводка всего пройденного, повторение всего материала по известной системе, по отделам является необходимой.

Весь материал по трудности составит два концентрических круга, приспособленных к первому и второму году пребывания детей в саду. Приноровлен он к северной и средней полосе России. При занятиях в других районах в нем придется сделать соответствующие изменения.

―――――

При отделах будут даны соответствующие списки картин как для волшебного фонаря, так и обыкновенных. Обращаем внимание на то, что очень ценные услуги оказывают при занятиях простые открытки. Нужную коллекцию открыток может составить каждый детский сад при содействии самих детей.

Картины и открытки должны фигурировать на так называемых уроках наблюдения, являясь объектом продуманного и детализированного рассматривания; они направляют мысль и воображение при составлении по ним рассказов, знакомят с миром, служат целям эстетического воспитания.

Считаем нужным оговориться, что есть картины, значение которых не в определенном конкретном содержании, а в том чувстве, настроении, которые они будят. Воздействие подобных картин на душу ребенка должно совершаться безмолвно.

―――――

При каждом отделе будут указаны работы, которыми они могут быть иллюстрированы. Выдвигая ту или иную работу, мы будем, конечно, исходить из оценки сил и способностей ребенка данного возраста, но строго выдержанного подбора работ в их последовательной трудности мы не будем придерживаться. Всех, нуждающихся в указаниях в этом смысле, мы отсылаем к соответствующим справочникам.

Многие работы могут быть выполнены детьми без всякой помощи руководительницы, и всегда, когда это возможно, руководительница должна уклоняться от всякого содействия и вмешательства. Таковы работы из строительного материала — песка, кирпичиков, кубиков и т. п. Но во многих случаях при работах, нуждающихся в определенных технических приемах, обойтись без указаний совершенно невозможно. Есть целый ряд работ, которые дети могут выполнить только при содействии взрослого; они до поры до времени сами упорно ищут этого содействия и охотно от него отказываются, как только не чувствуют в нем больше надобности.

Мы полагаем, что проектируемые выпуски могут явиться теми вехами, которые помогут всем работающим с детьми дошкольного и младшего возраста ориентироваться в их сложной многогранной деятельности. Но только помогут, отнюдь же сущности этой деятельности не создадут; эту сущность, ее преобладающее содержание, направление и дух определят жизнь и индивидуальные творческие силы, как самих работников, так и детей.

Гигиена детского сада.

I.

Гигиена есть наука о здоровье человека. В применении к детскому саду гигиена есть наука об условиях, влияющих в стенах его на здоровье детей. Не проводя резкой границы между здоровьем духа и тела, мы должны под понятие гигиены подвести всю совокупность влияний на ребенка, как внутреннего строя учреждения, так и внешней его обстановки. Но такая широкая постановка вопроса не укладывается в рамки настоящей статьи, хотя бы уже потому только, что педагогическая часть книги в достаточной мере осветила уже всю глубину значения правильной постановки этой стороны дела. В силу этого нашей более узкой задачей будет коснуться и обрисовать гигиеническую сторону детского сада в более специальном ограниченном смысле этого слова. Сюда войдет разработка вопроса помещения с гигиен.-санитарной точки зрения, его содержание, оборудование, диэтетика детского питания, гигиена детской одежды и обуви, гигиена органов движения и т. п.

Вопрос о помещении тесно связан с одним из кардинальнейших вопросов организации детского сада, именно с численностью его. Одно из главнейших завоеваний педагогической мысли наших дней есть установление принципа индивидуального подхода к ребенку, как единственно правильного в достижении цели. Вместе с этим неминуемо должно было пасть представление об учреждениях, объединяющих в своих стенах многочисленные группы детей, придавленных трафаретом традиционного к ним отношения. Чем моложе ребенок, тем важнее сообразоваться с особенностями его физической и психической личности, и учреждения для детей дошкольного возраста, при рациональном построении их, должны объединять в своих стенах лишь маленькие группы. Для детского сада мы принимаем максимальную цифру в 30 человек, полагая возможным деление на две группы по 15 человек в каждой. Помещение для такого детского сада только в том случае ответит всем требованиям санитарии и гигиены, если будет выстроено специально для этой цели. Во всяком другом случае придется идти на компромисс, приспосабливая к интересам сада помещение, выстроенное совсем с другими целями. В поисках за таким помещением мы должны иметь в виду следующие кардинальные условия:

1) оно не должно быть размещено слишком близко к почве;

2) не должно занимать высоких этажей;

3) выходить одной стороной на юг;

4) не иметь темных комнат, никаких темных углов;

5) иметь в непосредственной близости сад, площадку или обширный чистый двор.

Число комнат в помещении, вполне приспособленном к запросам детского сада, должно быть не менее 9-ти. Сюда входят: 1) зал для игр, 2) две комнаты для занятий, 3) столовая, 4) песочная, 5) врачебная, 6) комната для отдыха, 7) для руководительницы, 8) для прислуги. Кроме комнат, особое внимание, как в количественном, так и в качественном отношении, должно быть обращено на службы, к которым относятся: 1) раздевальня, 2) коридор, 3) ванная с умывальней, 4) кухня, 5) кладовые, 6) уборные.

Жилые комнаты мы оцениваем не только с точки зрения их размера, силы естественного освещения, возможности поддержания необходимой t°, но и в смысле их взаимного расположения. В этом отношении каждая комната должна отвечать своему назначению: в проходных комнатах дети не могут углубиться и сосредоточиться на своих занятиях; они не в состоянии покойно заснуть, если в спальню врывается, в той или иной форме, жизненный шум; в тесной и темной столовой не может быть вполне соблюдена гигиена питания и т. п. В отношении размера комнат мы должны исходить из требований объема воздуха, необходимого при правильном обмене его, на одного ребенка. Неправилен тот взгляд, что чем больше помещение, тем лучше, так как оно, в таком случае, дает простор детской потребности в движении и максимум воздуха на ребенка. Большие, казарменные помещения угнетающе действуют на детскую психику. Ребенок нуждается в домашнем уюте, для которого нужна не только душа воспитателя, но и обстановка, говорящая на понятном для него языке. Согласуя эту точку зрения с требованиями гигиены, мы должны признать для отдельных комнат следующие приблизительные размеры: зал для игр 12 × 12 (арш.), комнаты для занятий 8 × 9, столовая 10 × 10, комната для отдыха 9 × 9, песочная 8 × 8. Комнаты для руководительницы, прислуги и врачебная должны быть достаточного размера для выполнения своей функции. Мы обращаем особенное внимание на комнату для отдыха. В учреждении, где маленькие дети, в возрасте от 3-х лет, проводят значительную часть дня (до 4-х ч.), всегда найдется известный % детей, нуждающихся в дневном отдыхе. Следует озаботиться, чтобы комната, отведенная для этой цели, отвечала своему назначению и была соответствующим образом обставлена. В идеале мы должны стремиться к тому, чтобы это была настоящая спальня с кроватками и постелями, чтобы дети могли раздеться и улечься, как на ночь. Только такой сон гигиенически правилен. Но мы хорошо понимаем, как трудно осуществим такой идеал, и потому должны примириться с возможным minimum'ом. Таковым является отдельная комната с упрощенными кроватками, состоящими из рамы (деревянной или металлической) на низеньких ножках и натянутым на ней холстом. Маленькая подушечка и войлочное одеяльце завершают дело. Ребенок не раздевается вполне, а снимается обувь и развязываются все завязки и пояса на платье. Само собою разумеется, что холст должен периодически сниматься для стирки, подушки и одеяла проветриваться и выколачиваться не менее одного раза в неделю.

Вопрос о санитарной стороне служебных помещений должен занять особое место в главе о гигиене детского сада. Наша русская культура не поднялась еще до сознания того, что прежде надо позаботиться о чистоте кухни, кладовой, умывальни, уборной, а потом о размерах и убранстве гостиной и столовой. Наши дети все еще вырастают на том представлении, что грязная, холодная уборная, тесная, полутемная кухня, узкий, темный коридор, беспорядочная кладовая с остатками продуктов, мышами и тараканами, обусловливаются ходом жизни и иными быть не могут. Постараемся теперь, когда впервые широко открываются двери культурно-просветительных учреждений для маленьких детей, чтобы они на заре своих дней впитали в себя правильное представление о том, что не должно быть темных углов и свалочных мест в жилище, что помещение, легко загрязняемое по характеру своей функции, тем самым обязует нас относиться с особенной тщательностью к содержанию его в чистоте. Ко всем служебным помещениям мы предъявляем следующие кардинальные условия: они должны быть светлы, сухи, теплы, достаточно обширны и непременно снабжены своими собственными вентиляционными средствами. Преступление против гигиены представляют собою те уборные, кухни, кладовые, раздевальни, которые, лишенные собственных окон, снабжают своим испорченным воздухом жилые комнаты. С особенным вниманьем следует относиться в этом смысле к уборным. Их должно быть не менее двух в саду на 30 человек, светлых, теплых, безукоризненно содержимых. Маленькие, низкие стульчаки, приноровленные к росту дошкольного ребенка,—это не роскошь, а насущная необходимость, до которой никак еще не дошла наша действительность. А между тем только в такой обстановке ребенок научается относиться просто и производить гигиенически самый естественный из физиологических актов. Маленький ребенок, влезающий в темном помещении на высокий, грязный стульчак, производящий этот акт в неестественной позе, с риском упасть или выпачкаться,—это нечто такое ужасающее по антисанитарности моральной и физической, что примириться с этим нельзя ни на одну минуту,—и как часто приходится наблюдать это! В условиях провинциальной жизни, где нет водопровода, следует отвести для уборной отдельную светлую, теплую комнату и снабдить ее выносными суднышками с герметически закрывающимися крышками. Совсем недопустимо пользование холодными, на дворе находящимися уборными, устроенными по системе выгребных ям.

Отдельная, также светлая, теплая комната должна быть отведена под умывальню. Дети должны умываться и по приходе в сад, если семья присылает их туда в грязном виде, и мыть руки перед едой, и полоскать рты после нее. Все это должно производиться самостоятельно самими детьми, без тесноты и торопливости, в обстановке, вполне к тому приспособленной. Всеми силами надо избегать мытья над раковиной под краном: в неизбежно неудобной при этом позе, слишком холодной зимой водой, ребенок не научится умываться как следует. Лучше всего иметь низкие столики, с небольшими на них тазиками и кувшинами. Вода должна быть комнатной t°, т.-е. 12—13° R.

Очень желательно иметь в саду не только умывальню, но и ванну, в которой можно было бы систематически мыть, раза два в месяц, детей, плохо обставленных в санитарном отношении дома.

По отношению к коридорам надо избегать квартир с внутренними темными коридорами, отрицательно действующими на моральную и физическую сторону ребенка. То же можно сказать и о раздевальнях, исполняющих двойную функцию: дать возможность детям научиться самостоятельно одеваться и раздеваться и вместить в себе верхнее платье детей так, чтобы каждый ребенок свободно мог подойти и взять свою одежду.

Для достижения этой цели раздевальня должна быть светлой, просторной, теплой, с вешалками, прикрепленными к стене на высоте роста маленьких детей, с находящимися под ними на полу ящиками для калош. Там, где к тому представляется возможность, следует устраивать вешалки в виде открытых шкафчиков, отделенных друг от друга продольными стенками. Над каждым из них полочка для шляпы, башлыка, перчаток, под ними — ящики для калош.

В вопросе гигиены помещения одна из главных сторон принадлежит заботе об освещении. Нет гигиенического помещения, вообще, а тем более назначенного детям, без проникновения в него солнечного луча. „Куда не заглядывает солнце, часто заходит врач",—говорит итальянская пословица, особенно верная по отношению к „малым сим". В наших северных и средних широтах квартира детского сада должна одной своей стороной выходить на юг. Зал для игр, комнаты для занятий и отдыха должны подвергаться действию непосредственно падающего в них солнечного луча. На север могут выходить такие помещения, как кухня, столовая, кладовая, ванная, уборная и т. п. Но ни одного темного угла не должно иметься в детском саду. В силу этого, в больших городах нижние этажи высоких домов непригодны для занятия их детским садом. Кроме расположения квартиры, в деле освещения значительную роль играют окна, их размер, количество, отношение к полу и потолку. Гигиена установила, что сила естественного освещения достаточна, если общая площадь оконных стекол составляет одну пятую площади пола. При этом условии в комнате не будет углов с недостаточной силой света. Не желательно близкое расположение окон к полу. Низкое стояние подоконника, а, следовательно, и верхней границы оконной рамы, имеет против себя уменьшение силы света падающего луча и охлаждение зимой той зоны, в которой протекает вся жизнь и деятельность питомцев сада.

Особую заботу санитарии помещения составляет вопрос о температуре его. Длительное пребывание ребенка в низкой t° угнетающим образом действует на все происходящие в нем физиологические процессы, а вместе с тем и на психику его. Надо стремиться к поддержанию в саду ровной t° в 12—13°. Лучшим способом отопления, несомненно, являются кафельные печи и хорошие дрова, и ему надо отдавать предпочтение в каждом случае, где возможен выбор. Топить следует по утрам, до прихода детей, и соединять топку с вентиляцией, т. е. топить при отворенных окнах или форточках. Только при этом условии создается настоящая тяга, вытягивающая застоявшийся воздух из всех, т. наз., „мертвых углов". Но одной утренней вентиляции, как бы она ни была энергична, мало. Необходимо несколько раз в течение дня проветривать каждую комнату непосредственно перед и после пользования ею детьми. Мы должны помнить, что в деле детского здоровья на первом плане стоит вопрос, чем дышит ребенок, и культура этой стороны детской жизни подлежит особенной нашей заботе и вниманию. Мало только отворять и затворять форточки, необходимо пользоваться каждым случаем, чтобы дать возможность дышать детям не замкнутым, а постоянно возобновляемым воздухом. В теплые, или даже не слишком холодные, осенние и летние дни следует заниматься при отворенных окнах и форточках. А уж про лето и говорить нечего: правильно построен только тот детский сад, который вывозит на лето своих питомцев за город и дает им возможность круглые сутки дышать живительным воздухом полей и лесов. Если это невыполнимо, то кардинальным условием санитарии помещения является принадлежность к нему площадки, сада, двора, которыми широко могли бы пользоваться дети. Это важно и для зимы, так как в гигиеническом отношении потерян тот день, в течение которого дети не побывали и не подвигались на внешнем воздухе. Ребенок дошкольного возраста неприспособлен к прогулкам, понимаемым в смысле прохаживания по улицам или даже по саду. Для них важно свободное времяпрепровождение на воздухе, с играми и песком в сухое и теплое время года, с санками, лопатками, метелками—зимой. Необходимо для этого иметь сад или площадку в непосредственной близости с помещением детского сада, так как на прохождение по улице, если приходится идти далеко, уходит слишком много детских сил.

Наилучшее и прекрасно оборудованное помещение может не удовлетворять требованиям гигиены, если к содержанию его в чистоте не прилагается достаточно заботливости и знания. Не менее раза в неделю должны производиться тщательная уборка и чистка его с выколачиванием на воздухе всех мягких предметов (матрасы, одеяла, подушки), с мытьем полов и подоконников горячим щелоком, с обтиранием мокрыми тряпками шкафов, дверей, мебели и т. п. Ежедневно полы протираются сырыми тряпками, каковыми убирается и пыль со всех доступных для этого предметов. Наиболее гигиеничными являются деревянные полы, хорошо сколоченные из прочных досок и выкрашенные масляной краской лучшего качества. Но подобные полы, присущие доброму старому времени, теперь почти уже не встречаются. На смену им явились паркеты, неудовлетворительные в санитарном отношении со способом их очистки путем натирания суконками и щетками. Гигиеническая ценность их поднимается при употреблении, т. наз., пылесвязывающего масла, при котором пыль, осевшая на пол, там и остается, связанная маслом, а не поднимается вновь в воздух движением детских ног. Очень хорош линолеум, но только в том случае, если он старательно вытирается ежедневно сырыми тряпками и раз в неделю тщательно вымывается горячим щелоком. В противном случае, затертый детской беготней и недостаточно чисто содержимой обувью, он производит неприятное впечатление и снабжает детские дыхательные пути нежелательными пыльными отделениями.

Заговорив о содержании помещения детского сада, приходится коснуться вопроса об участии детей в уборке и очистке квартиры. Вполне разделяя все выдвинутые в последнее время принципы трудового воспитания и самообслуживания, мы тем не менее должны найти какое-то согласование между ними и требованиями гигиены; никаких не может быть расчетов на слабые руки и малые навыки ребенка дошкольного возраста в смысле созидания и поддержки надлежащей чистоты в детских садах. Эта чистота должна быть безукоризненной, не детскими силами созданной, обусловленной наличностью настоящих в этой сфере работников. На фоне этой чистоты, с целями исключительно воспитательного характера, возможны со стороны детворы упражнения в самообслуживании, в труде общественном, в виде уничтожения созданного игрой или занятиями беспорядка, накрывания и убирания со стола, прислуживания за обедом, мытья чайной посуды и т. п. Особенно восстаем мы против столь излюбленного детьми и педагогами подметания пола маленькими половыми щетками. Мы приучаем этим путем ребенка к порядку, к наведению вокруг себя чистоты, даем посильное упражнение его мышечной системе, но забываем при этом, что усиленное движение влечет за собой и усиленное вдыхание, а вдыхается в этом случае вся та пыль, которую ребенок поднимает своей щеткой с полу. Много есть причин тем постоянным насморкам, которые мы наблюдаем у детей почти всех слоев общества. Одна из них — это вдыхание пыльного воздуха. Не будем же искусственно создавать этих неблагоприятных условий, и уж если давать детям подметать полы, то не иначе, как сырыми щетками.

Изложив основные требования, предъявляемые гигиеной к помещению детского сада, в смысле числа, размера и характера комнат, мы должны оговориться в том смысле, что жизнь на каждом шагу заставляет нас идти на компромисс и мириться с условиями, не отвечающими этим требованиям. Но должна быть граница этому компромиссу. Можно мириться с тем, что за неимением столовой складные столики появляются на время обеда в зале, с тем, что вместо двух имеется одна, более обширная, комната для занятий, что нет отдельной песочной, а ящик с песком стоит в одной из комнат для занятий. Но нельзя мириться с темными, холодными и грязными уборными, с тесной раздевальней, с казарменными коридорами и т. п. Если помещение не отвечает основным требованиям света, тепла, уюта, оно должно быть немедленно забраковано. Лучше отложить открытие сада до времени приискания подходящего помещения, чем спешно открыть его в таком, которое может вредно отразиться на детях. Мы имеем тут в виду не одну только физическую их сторону. Влияние помещения на психику ребенка—огромно, и Бог один знает, сколько выработалось пессимистов и угнетенных духом только потому, что самые чуткие по силе восприятия годы прошли под угрюмыми сводами, среди холодных стен учреждения, не отвечающего всем своим характером запросам пробуждающейся детской души.

II.

Есть сказка о трех медведях, в которой рассказывается о том, как маленькая девочка, случайно попавшая в медвежье жилище, увидала, что обстановка его вся была приноровлена к росту его обитателей, и у маленького медвеженка все было маленькое: маленькая кроватка, креслецо, маленькая мисочка, ложечка, стаканчик и пр. Когда речь заходит о детской обстановке, невольно вспоминаешь эту сказку и сказавшийся в ней здравый смысл народа. Первое условие, которое мы предъявляем к обстановке, окружающей ребенка, заключается в том, что она должна отвечать его росту, силам, вкусам, потребностям. Она должна расти, видоизменяться, усложняться по мере роста его физических и духовных сил. Подобно тому, как обувь достигает цели только в том случае, если она покроем своим строго отвечает анатомическому строению ноги, а в противном случае только калечит ее,—так и обстановка, идущая в разрез с нормальными запросами ребенка, калечит стройность его физического и морального роста. Обстановка, понимая ее в широком смысле слова,—это та атмосфера, в которой развиваются и созидаются все стороны детской личности. Лишь только ребенок стал на ноги, заходил, забегал, лишь только появилась у него потребность что-то хватать, бросать, что-то делать, он должен быть поставлен в условия, в которых он чувствует себя в полной безопасности, легко и свободно, где все ему доступно, интересно, понятно и близко. Одна из главнейших забот и задач организаторов детского сада заключается в создании обстановки, обдуманной до мелочей в смысле ее влияния и воздействия на ребенка. Под обстановкой мы разумеем весь комплекс предметов обихода, занятий, развлечений, на которых строится, поддерживается и развивается жизнь сада: сюда относятся мебель, посуда, одежда, игрушки, весь дидактический и педагогический материал.

Задаваясь задачей снабдить сад рациональной мебелью, мы выдвигаем в деле создания ее следующие основные требования: размер должен отвечать росту ребенка, вес—силам его, внешность должна способствовать развитию в нем эстетического вкуса, конструкция — соответствовать потребности маленького ребенка в движении, в перемене места и положения. С этой последней точки зрения, в детском саду не место школьным партам, что, к сожалению, приходится иногда наблюдать. Здесь может быть речь только о столиках, стульчиках, скамеечках. Гигиена говорит, что высота сиденья (т.-е. стула, скамейки) должна равняться высоте голени сидящего, глубина его (т.-е. длина поверхности сиденья)—двум третям бедра его. Высота стола приноравливается к сиденью: край стола должен быть настолько выше уровня скрещенных на талии рук сидящего, чтобы локти его свободно при некотором поднятии приходились на доску стола. Само собою разумеется, что в детском саду нет возможности индивидуализировать мебель, пригоняя ее к росту каждого ребенка. Необходимо иметь средние величины, удовлетворяющие детей данного возраста. Для вывода их требуются многочисленные измерения и наблюдения, у нас пока еще не произведенные с достаточной точностью и подробностью. Цифры, заимствованные из немецких руководств, оказались не отвечающими среднему росту наших детей. В силу всего этого мы предлагаем пока удовлетвориться приблизительными данными, приведенными нами в изложении оборудования детского сада (см.: „Практические сведения для руководительниц детских садов"). При надлежащей постановке дела каждый сад должен имет мебель двух размеров, рассчитанных на возрастные группы 3 — 5 и 5 — 7 лет. В вопросе конструкции мебели, выбора ее плана и модели мы должны руководствоваться принципом индивидуализации, как единственно верным в деле всякого подхода к ребенку. С этой точки зрения мы не можем отнестись одобрительно к длинным столам и наглухо прикрепленным к ним длинным скамейкам, как бы они ни соответствовали росту детей, как бы изящно они ни были отделаны. Мы безусловно ставим на первый план индивидуальный столик с ящичком и стульчиком к нему, которыми ребенок может распорядиться по своему, где он может заняться и углубиться в избранное любимое дело. Есть, конечно, моменты, вполне допускающие объединение нескольких детей за одним столом: таковы обеды, завтраки, некоторые коллективные занятия. Но и для таких целей не следует обзаводиться громоздкими столами и длинными скамейками, а ограничиваться столиками, рассчитанными максимально на 10 — 12 человек. Для сидения всегда лучше иметь отдельные стульчики и табуреточки, а не длинные скамьи, рассчитанные на несколько человек, стесняющие еще неверные и неловкие движения малолетних детей. Спинки стульчиков могут быть двух родов — или слегка отклоненные назад, отвечающие верхним краем уровню выстояния лопаток, или низкие, перпендикулярные, с поперечным бруском, находящимся на высоте поясницы ребенка.

Шкафы, назначенные на сохранение материала, с которым приходится иметь дело самим детям, должны в своих размерах быть рассчитаны таким образом, чтобы ребенок мог свободно отворить и затворить дверку, выдвинуть и вдвинуть ящик, переставлять и расставлять по своему усмотрению вещи. Особенно важно это по отношению к, так назыв., „индивидуальным" ящикам, с которыми дети связывают целый мир своих личных интересов, вожделений и стремлений.

Отделка мебели должна отвечать следующим кардинальным требованиям: она должна быть изящна, проста и легко доступна содержанию в неукоснительной чистоте. Детский глаз следует воспитывать на сочетаниях простых, но красивых очертаний, на комбинациях светлых, ласкающих, гармоничных тонов. Мы не стоим за исключительно белую обстановку, хотя она и является несомненно самой гигиеничной: не выяснен еще вопрос о влиянии цвета на психику ребенка, но мы можем предположить, что однообразие белого цвета может иногда оказать и нежелательное угнетающее действие на детское настроение. Лучше всего комбинации белого с другими светлыми тонами—серыми, зеленоватыми, голубоватыми, желтыми. Краску следует употреблять такую, которая легко выносила бы частое мытье не только теплой водой и мылом, но и дезинфецирующими растворами (соды, буры, щелока). Такими красками являются масляные, эмалевые (риполин).

Далеко, конечно, то время, когда каждый детский сад будет в состоянии выбирать для своей мебели сочетание красивых и прочных красок. В ожидании его придется многим садам ограничиваться и совсем некрашеной мебелью. Но иметь мебель, отвечающую размерами росту детей — одно из главнейших обязательств каждого сада. Краску можно заменить клеенкой, натянутой на столах, с условием, чтобы и она отвечала требованиям изящества и прочности. Что же касается старых, затертых, истрепанных, рваных клеенок, то мы всеми силами восстаем против их употребления: как ни мало гигиеничен простой некрашеный стол, он все же выше в этом смысле старой клеенки.

По отношению к посуде детского сада мы предъявляем, в общем, те же условия, что и к мебели: она должна быть гигиенична, прочна, красива, размером и весом отвечать детским силам. Избави Бог от больших деревянных чашек и таких же ложек, с которыми не справляются маленькие детские рты! Лучше всего посуда фаянсовая: мисочки, тарелочки, блюдечки, кружечки, чашечки, которые с удобством переносились бы детскими ручками, с удобством вмещали бы в себе детские порции. А если еще украсить их несложными разнообразными рисунками,—сколько радости доставят они детворе, как поднимут дух во время еды, а вместе с тем и физиологическую ценность питания. Но такой посудой мы не снабдим теперь детские сады нашей родины. Следующей за ней, в смысле гигиеничности, является эмалированная, и уже на последнем месте приходится поставить деревянную и глиняную, в виду трудности радикальной их очистки. Моется посуда после каждого употребления в горячей воде и не менее раза в неделю мылом. Посуду глиняную и деревянную следует раз в месяц кипятить в содовом растворе.

К обстановке детского сада относится и весь дидактический материал его: пособия, игрушки, материал для детских работ и т. п. Оценке всего этого с педагогической точки зрения отведено надлежащее место в настоящей книге. В отношении гигиеническом мы бракуем в этом материале все, что мало по размерам и мелко по деталям. Мелкие рисунки, кропотливые выкалывания, сгибания, вырезания не должны иметь место в детском саду, и не потому только, что от этого страдает орган зрения ребенка. Вся нервная система его не приспособлена к дифференциации, к восприятию мелких частей,—необходимые для этого нервные центры начинают функционировать лишь постепенно, и мы должны в этом отношении следовать за природою ребенка и никаким образом не насиловать ее.

Весь этот дидактический материал, особенно часть его, рассчитанная на детские работы (картон, бумага, глина, шерсть, нитки), в значительной степени является местом скопления и рассадником пыли. В силу этого он требует к себе особенно тщательного отношения. Для сохранения его необходимы затворяющиеся шкафы, прочные коробки, полки, легко поддающиеся очистке от пыли. Не менее раза в месяц следует производить основательную очистку всех шкафов и ящиков, перетирая их сухими тряпками, уничтожая все лишнее. Избави Бог от скопления в разных углах ненужного хлама, снабжающего воздух, а вместе с ним и детские дыхательные пути постоянно отделяющимися пылевыми частицами.

III.

Крупной статьей в деле гигиены детского сада является вопрос о питании детей. Без правильной постановки его не может быть речи о достижении цели в смысле забот о здоровье маленьких питомцев сада. Дети проводят в нем не менее 6-ти часов, с 10-ти утра до 4-х час. дня. В большинстве случаев больше этого, так как матери-работницы вынуждены, уходя на работу, приводить своих детей иногда даже в 7—8 ч. утра. За этот период времени, т.-е. с 8—9 ч. утра до 4-х ч. дня, дети должны кормиться три раза: 1-ый завтрак утром, 8—10 ч., обед между 12-ю и 1 ч. и второй завтрак в 3 ч. дня. Характер этого питания, отвечающий в общем запросам детского организма дошкольного возраста, в точности устанавливается врачем учреждения.

Исходя из среднего веса детей, из среднего типа их конституции, врач устанавливает количественную и качественную норму детского стола. Принцип индивидуализации, единственно правильный во всяком подходе к ребенку, имеет особенно большое значение в деле детского питания. С этой точки зрения гигиена детского возраста никогда не примирится с общественными столовыми и кухнями. Каждый детский сад должен иметь свою кухню, и в ней должно готовиться именно то, что требуется организацией данных детей, с особенностями их диатеза и общего состояния. Невозможно, конечно, на 30 детей готовить 30 отдельных порций, приноравливаясь к требованиям каждого из них. Но не только возможно, а необходимо нужно найти тот средний путь, при котором, так или иначе, не страдали бы ничьи интересы, а в некоторых случаях, требующих особого внимания, даже индивидуализировать стол. Нам, может быть, скажут на это, что детский сад — не санатория, и что в нем не место детям, нуждающимся в особом уходе. Мы можем ответить на это, что в толпе детей, входящих в широко теперь открытые двери детских садов, здорового элемента нет совсем: все это жертвы нашей тяжелой современности, и потрясение, вынесенное за последнее время человечеством, еще на много лет вперед будет сказываться на наших детях. И поэтому, если детские сады наполовину в строении своем не будут санаториями, цель их не будет достигнута: только сытый, сколько-нибудь физически удовлетворенный ребенок может воспринять те духовные дары, которые способна дать ему современная педагогика на путях своих новых исканий в деле подхода к маленькому ребенку. Приблизительная схема питания, в смысле материала, наиболее приспособленного к дошкольному возрасту, следующая:

1-ый завтрак, в 9—10 ч. у. — кружка молока, булочка или кусок хлеба; или чашка ячменного кофе с молоком, кусок хлеба с маслом; или блюдце каши на молоке, булочка. Обед между 12-ю и 1 часом из двух горячих блюд:

1) мисочка густого супа из овощей, крупы, на масле, сметане, с мучной подболткой;

2) котлеты из картофеля, овощей, крупы, на яйцах, или запеканка такого же состава, с соусом из овощей, или запеканка из макарон, творога, лапши с фруктовым соусом, или каша на молоке и масле.

Около 3-х ч. дня 2-ой завтрак — мисочка горячего фруктового киселя с сухарем, или кружка молока с булкой, или ячменный кофе с хлебом с маслом.

Особняком стоит вопрос о внесении в детский стол мяса и рыбы. С животным белком надо быть осторожным в раннем детском возрасте. Мы допускаем его не чаще трех раз в неделю, по одному разу в день. Белая нежирная рыба предпочтительнее мяса; белое мясо (телятина, курица) предпочтительнее черного. И то, и другое не следует давать, как таковое (т.-е. в виде жареных или вареных кусков рыбы или мяса). Рыба непригодна в этом смысле в виду своих костей, с мясом не справляются в достаточной мере ни зубы, ни челюсти дошкольников.

Лучше всего котлеты, рулеты, или запеканки с макаронами, овощами, кашами, куда мясо и рыба входят в перемолотом виде. Крепкие мясные бульоны, как специфический нервный раздражитель, не должны появляться за детским столом. Допустим рыбный суп с крупой, с мелкими кусочками в нем рыбы, или овощной суп с шариками в нем из рубленного мяса. Само собою разумеется, что есть случаи, когда не следует давать мяса ребенку, и, наоборот, — мясом можно поднять его. Дело врача разобраться в детях и, насколько возможно, установить индивидуальный пищевой режим.

Принимая в соображение, что нет рационального питания без ежедневного введения в организм ребенка свежего растительного материала, детский сад должен озаботиться тем, чтобы в кладовой его всегда был запас соответствующих продуктов. В этом смысле надо уметь использовать время года и все, что в данный момент предлагает нам рынок. Яблоки, сливы, груши, апельсины, по одному, по половинке, иногда по кусочку в день поднимут ребенка не только удовольствием, которое они ему доставят, но и ферментативным действием своим на процессы обмена. Сюда же мы относим все виды ягод, иногда сырыми (земляника, клубника), или в виде киселей, компотов. Очень желателен свежий лимонный сок, прибавленный к пюре из каш (манная, рисовая) или фрукт.

Средний ежедневный паек на ребенка дошкольного возраста (в детск. саду) выразится в следующ. цифрах:
1) молока — 200 гр. (1 стакан),
2) хлеба — 150 гр. ($^3/_8$ фунта),
3) крупы в те дни, когда нет мяса, — 65 гр.,
3а) крупы в мясные дни — 20 гр.,
4) овощей — 200 гр. ($^1/_2$ ф.),
5) картофеля — 200 гр. ($^1/_2$ ф.),
6) сахара — 30 гр.,
7) масла — 30 гр.,
8) мяса или рыбы — 100 гр. ($^1/_4$ ф.),
9) фрукт — 100 гр.

Весь материал разумеется в очищенном виде. При такой ежедневной норме мы получим приблизительное число калорий на ребенка около 1300, при отношении питательных веществ (приблиз.) 1:7,5, т.-е. именно то, что установлено современной диэтетикой детского питания. Анахронизмом, может быть, звучат теперь, в наше голодное время, эти „ставки" кормления в садах детворы. Но, во-первых, мы исходим из того, что не всегда придется жить при невероятных условиях текущего момента. Рассеются тучи, так давно нависшие над нашим бедным отечеством; осветятся улыбкой скорбные теперь детские личики наших садов и колоний, и доля этой улыбки придется насчет нормального, здорового и вкусного кормления. А во-вторых, только имея ясное представление о том, что должен представлять собою детский стол, можно создать что-либо сколько-нибудь приемлемое из имеющегося теперь материала.

IV.

Перейдем теперь к другой, не менее важной стороне дела гигиены детского сада,—к вопросу о детской одежде. Кто сколько-нибудь близко стоит к этим учреждениям и внимательно относится к детям, тот знает, как далека эта одежда от того, чем она должна быть, сколько вреда наносит она, как в отдельности каждому ребенку, так и всему коллективу их. Грязные, узкие рубашки, такого нелепого покроя, что иногда снять их можно только путем разрывания; многочисленные такие же грязные кофты, фуфайки, юбки, лифы, всегда тесно перетягивающие вздутые рахитические животы; закутанные даже в комнатах головы и обнаженные зябнущие коленки, рваные пальтишки; отсутствие перчаток и антигигиеническая обувь, красные, вспухшие, с ознобленными язвами ручёнки и ножёнки,— вот что на каждом шагу приходится наблюдать врачу, и перед чем он в большинстве случаев стоит бессильным. Работа педагогического и врачебного персонала в этом большом деле должна идти в двух направлениях: в смысле непосредственной помощи самим детям и в смысле просветительного воздействия на родителей их. Дети, семьи которых не могут присылать их в сад в приемлемой одежде, должны переодеваться каждое утро в одежду, предлагаемую им садом. Для этой цели каждый сад должен иметь запас белья, платьев, передников, чулок, туфель. При созидании этого запаса следует руководствоваться следующими основными правилами:

1) на ребенке должен быть надет тот minimum одежды, при котором он не зябнет в помещении, принимая за норму t° 12—13°;

2) покрой одежды должен быть таковым, чтобы не стеснять и не стягивать никаких членов и органов ребенка, и держаться не поясами и завязками, а исключительно на плечах его;

3) в комплекс одежды на ребенка должно входить следующее:

a) рубашка, выкроенная таким образом, чтобы она свободно надевалась и снималась;

b) так называемая „комбинация", т.-е. лифчик с пришитыми к нему панталонами, отстегивающимися сзади;

c) платье свободного покроя, на кокетке, или без нее, застегивающееся спереди или сзади;

d) фартук-халатик, с длинными рукавами, закрывающий все платье.

Белье, т.-е. рубашка и комбинация, шьется из бумажной или полотняной материи. На зимнее время комбинацию хорошо иметь из бумазеи. Платье зимою в холодном климате и тем более в холодной квартире желательно шерстяное. Фартук непременно должен быть полотняным или, за неимением такового, бумажным. Такой комплекс одежды должен быть рассчитан на девочек и маленьких мальчиков. Мальчикам старшего возраста, от 5-ти лет, вместо платья надо иметь свободную курточку и штаны, пристегивающиеся к той же комбинации. Эта последняя никоим образом не должна стягивать живота и талии, в силу чего ее следует иметь трех размеров, как, впрочем, и весь комплекс детской одежды. Чулки должны держаться системой боковых резинок или завязок,—перевязки голени с этой целью должны быть совсем исключены. Если в смысле переодевания мы допускаем разрешение этого вопроса в зависимости от того, в каком виде родители присылают детей в сад, то в отношении обуви не должно быть никаких исключений: все дети переобуваются, придя в сад, меняя башмаки и сапоги, в которых они побывали на улице, на легкие туфли, всегда остающиеся в саду. Для прогулок на зимнее время хорошо иметь запас валенок, очень удобных для ходьбы по снегу. Теплые рукавички и гамаши следует осуществлять также заботами педагогического персонала сада,—иначе не будут переводиться озноблённые ручёнки и ножёнки. Было бы, конечно, желательно, чтобы в саду имелся и надлежащий запас верхнего платья для снабжения наиболее обездоленных в этом отношении детей.

На обязанности руководителей лежит не только забота о том, чтобы для детей имелась надлежащая одежда,— необходимо воспитывать в них уменье рационального пользования ею. Привычка к кутанью, к сиденью в комнатах в пальто, в платках и башлыках на голове должна быть уничтожена. С малых лет ребенок должен воспитывать в себе потребность в чистой одежде, уменье сохранять ее таковой возможно дольше и пониманье того, что одежда находится в зависимости от t°. В теплое и жаркое время года одежда должна доводиться до возможного minimum'а, вплоть до того, что в большую жару дети надевают комбинации (они имеются для этого из ситца) на голое тельце и проводят в таком виде все время в саду. Чулки летом совсем излишни. Дети носят на босу ногу полотняные туфли или кожаные сандалии, и раз в день там, где к тому представляется малейшая возможность, пыльные ноги обмываются в ванне или тазу. Это хлопотливо и сложно, но ведь все дело воспитания ребенка и внедрения в него надлежащих навыков чрезвычайно сложно, и вопрос еще, что ценнее—научить его обмывать ноги, вселить потребность к этому, или обогатить его лишним знанием и уменьем пользоваться в области учебных пособий.

Заговорив о детском белье, необходимо коснуться и вопроса о белье столовом, кухонном и умывальном. Детский сад должен иметь значительные запасы всех видов его. Каждый ребенок должен пользоваться за столом своей собственной салфеткой. Для отличия могут быть употребляемы колечки или завязки, сделанные самими детьми. Вытирание рук после умывания может производиться общим полотенцем, по расчету одного полотенца на несколько человек. Что же касается лица, то лучше иметь индивидуальные полотенца для тех детей, весь туалет которых, благодаря недостаточности домашней обстановки, происходит в саду. Забота о носовых платках лежит также на обязанности руководительниц. Мешечки для них могут быть сработаны старшими детьми. Что же касается платков, то они вполне достигают цели только в том случае, если они не раздражают носа своим грубым качеством и если они достаточно чисты. Принимая в соображение, что хронические насморки наблюдаются почти поголовно у детей, посещающих наши сады, их следует снабжать чистыми платками не менее двух раз в неделю.

V.

Проведение в жизнь санитарно-гигиенических мероприятий лежит на обязанности всех работников сада, но больше всего и прежде всего на обязанности врача учреждения. С тех пор, как рухнули старые устои, на которых строились и держались детские учреждения, коренным образом изменилось и представление о роли и обязанностях в них врача. Работа врача в детском саду распадается на три главные части: медицинскую, санитарно-гигиеническую и культурно-просветительную. Как медик, врач, с одной стороны, лечит детей, с другой — наблюдает за правильностью их физического и психического развития. Само собою разумеется, что в стенах учреждения не может проводиться лечение никаких острых заболеваний. Дело врача в этом случае ограничивается лишь тем, чтобы поместить больного в соответствующее лечебное заведение. Все заболевания, требующие специальной обстановки и техники (болезни глаз, полости рта и зева, носа и уха), направляются врачем в детские амбулатории врачей-специалистов, о возникновении которых должно позаботиться каждое городское самоуправление. Целиком на заботе и обязанности врача учреждения лежит лечение конституциональных форм детских заболеваний. Принимая в соображение, что оно прежде всего зиждется на правильном жизненном режиме, в этом направлении и должна идти работа врача. Путем систематически-проводимого подробного обследования физического состояния всех детей учреждения, он выделяет из числа их группу наиболее нуждающихся в специальном к ним внимании. Общий ход жизни, понимая под ним пищевой режим, прогулки, игры, занятия, устанавливается соответственно требованиям среднего уровня физического состояния детей. Но интересы отдельных личностей соблюдаются путем установления для них режима, требуемого их конституцией. Каждый ребенок имеет свою санитарную ведомость, куда вносятся не только результаты систематических его обследований, но и заметки всех над ним врачебных наблюдений. Врачебная работа над детьми происходит в специально оборудованной комнате, находящейся в полном распоряжении и ведении врача.

Санитарная работа врача заключается в установлении и проведении в жизнь всех профилактических мер, необходимых для защиты учреждения от проникновения в него инфекции. Помещение учреждения санкционируется только врачем в смысле пригодности его для выполнения данной функции. Содержание его в чистоте, установление методов отопления и венциляций исходят от врача.

Как гигиенист, врач устанавливает пищевой режим детей, следя за его выполнением и влиянием на физическое их развитие.

Гигиена детской одежды, как в смысле принципов ее покроя и качества материала, так и в отношении ее чистоты, подлежит указаниям и контролю врача. Под его наблюдением устанавливаются приемы по отношению к умыванию и ваннам детей.

Как педагог, врач принимает участие во всех собраниях руководителей, устанавливая не только физический режим детской жизни, но вырабатывая, вместе с педагогами, форму и характер занятий, наиболее отвечающие уровню развития детей. Наблюдение над психикой их составляет одну из главных задач врача. С этой целью он проводит часть времени, отдаваемого учреждению, в детской среде, наблюдая реакцию ребенка на все явления окружающей его жизни. В вопросе взаимоотношения физической и психической сторон каждой детской индивидуальности врач является не только сотрудником, но советчиком и помощником педагогического персонала.

Культурно-просветительная работа врача состоит в прямом воздействии его на людей, с которыми ему приходится сталкиваться на поприще своей работы в саду, и в сводке всех добытых им наблюдений, с тем чтобы они могли послужить к обогащению наших познаний в вопросе изучения ребенка дошкольного возраста. Принимая в соображение неосведомленность нашего общества в вопросах гигиены детства, врач привлекает к своей работе гигиениста руководительниц сада с тем, чтобы поднять их в этой области на ту высоту, на которой надлежит стоять человеку, берущемуся за глубокое и ответственное дело воспитания маленького ребенка. Путем дружной и просвещенной работы всех врачей дошкольных учреждений в этом направлении можно рассчитывать воспитать кадр руководительниц, для которых будут ясны основные положения гигиены детского возраста и главнейшие практические в ней приемы. Сферу своего влияния врач распространяет и на родителей питомцев сада: путем популярных лекций и бесед он стремится раз'яснить им смысл всех мероприятий, применяемых к их детям и часто встречаемых ими не только недружелюбно, но и прямо враждебно.

Что касается сводки всех сделанных врачем наблюдений, с целью внесения ее в кладезь науки о ребенке, то ценное слово в этой области будет сказано лишь в том случае, если, во-1-х, наблюдения эти будут делаться с достаточной тщательностью, и, во-2-х, если форма их будет общая для целой врачебной корпорации. В ожидании того времени, когда в этом отношении состоится полная сговоренность и согласованность между врачами, мы предлагаем несколько опросных листков, выработанных врачебной коллегией при Дошкольн. Отд. Нар. Ком. по Просв. В состав их входят: 1) санитарная ведомость, 2) карточка психического обследования, 3) две карточки по диэтетике питания, 4) карточка по санитарии помещения.

Мы далеки, конечно, от мысли считать их стоящими на полной высоте, могущей тут быть пред'явленной; но думаем, что они могут сослужить службу человеку, стремящемуся осмыслить и оформить свою работу.

Для выполнения в полной мере плана врачебной работы, начертанной нами лишь в общих чертах, требуется не только опыт врача в этом направлении, но и возможность для него отдавать maximum своего времени детскому саду. Только обеспеченный этим садом, без необходимости искать заработка еще в других местах, при непременном условии видеть в ребенке об'ект, полный глубочайшего интереса, и большой к нему любви, врач станет на ту высоту, которая необходима для ценного поднятия физической и психической личности ребенка. А насколько в этом поднятии нуждаются в наши дни дети, знает всякий, кто подходил к ним со сколько-нибудь открытым сердцем и просвещенной головой. Кадра готовых врачей-педагогов у нас сейчас нет. Но сознание в необходимости их проснулось, как в обществе, так и среди самих врачей. А это обстоятельство служит нам порукой к тому, что в недалеком будущем мы будем иметь надлежащих работников на слишком теперь обездоленной ниве детского здоровья и счастья.

Практические сведения для руководительниц детских садов*).

---

*) Настоящее третье издание книги „Совр. детский сад" было готово к печати два года тому назад, но по условиям настоящего времени печатание задержалось. В силу этого некоторые из практических сведений и указаний второй части книги являются неточными и устаревшими.

Необходимые сведения для открывающих детские сады.

Инструкция по устройству учреждений дошкольного возраста, выработанная Комиссией при Дошкольном Отделе Нар. Комисс. по Просв. в Петрограде.

1. Учреждения дошкольного возраста организуются 3-х типов:
   1) детские сады;
   2) очаги для детей от 3-х и до 7-ми лет;
   3) общежития для живущих детей от рождения до 7-ми лет.

2. В очагах дети проводят весь день. Детский сад должен быть открыт не менее 6 час., а именно: от 10 час. утра и до 4-х час. дня. В зависимости от местных условий время, проводимое детьми в детском саду, может быть увеличено, но не уменьшено.

3. Все учреждения дошкольного возраста не могут ограничить свои задачи лишь призрением, а должны создавать условия воспитания, соответственно возрасту и интересам детей.

4. В детских садах, очагах и общежитиях дети находятся:
   1) под руководством опытных, педагогически подготовленных лиц, несущих ответственность за воспитательную часть;
   2) под наблюдением постоянного врача-педагога, который, руководствуясь инструкцией к врачам Дошкольного Отдела при Народном Комиссариате по Просвещению, ведет

постоянное наблюдение за правильным физическим и психическим развитием ребенка, а также и оказывает медицинскую помощь детям в случаях надобности.

5. Без знания домашней жизни ребенка невозможна правильная постановка воспитания его.

Условия эти выясняются как путем переговоров с родителями, так и посещением детей на дому, что является особенно желательным.

Развитие ребенка дошкольного возраста может совершаться планомерно только в том случае, если два главных воспитательных фактора—семья и воспитательное учреждение—в своем отношении к нему будут действовать солидарно, опираясь на одни и те же педагогические принципы и методы. Семья и детский сад должны близко знать друг друга и оказывать взаимно-деятельную помощь и поддержку во всех видах.

6. Руководители для учреждений дошкольного возраста приглашаются Дошкольной Секцией Отделов Нар. Обр. местных Советов Солдатских, Рабочих и Крестьянских Депутатов, выбираются коллективом работников учреждения и утверждаются Дошкольным Под'отделом Петр. Гор. Отд. Н. Обр. по истечении месячного стажа (на основании полученных сведений о работе данных лиц). Имея достаточные на то основания, Дошкольный Под'отдел Петр. Гор. Отд. Н. Обр. имеет право требовать удаления непригодных для дела воспитания лиц.

7. Все работающие в одном учреждении лица составляют коллектив, который сообща вырабатывает план ведения дела, принимая во внимание инструкцию Дошкольного Под'отдела. Коллектив работает в контакте с местной Дошкольной Секцией Отд. Нар. Обр. района.

8. Хозяйством детского сада ведает коллектив работников.

9. План занятий в детских садах и очагах коллектив руководителей строит на следующих принципах: все занятия должны об'единиться идеей индивидуализации, общественности, самодеятельности, трудового творческого начала, общения с природой.

10. По педагогическим и гигиеническим соображениям один детский сад не должен обслуживать более 30 чел., по

15 чел. на руководительницу, но, считаясь с трудностью момента, Дошкольный Под'отдел Петр. Гор. Отд. Нар. Обр. находит возможным допустить в каждом детском саду 2 группы по 30 чел., причем размеры квартиры должны соответствовать количеству детей, которое устанавливается врачом. Исключения возможны не иначе, как с ведома и разрешения Дошкольного Под'отдела при Петр. Гор. Отд. Нар. Обр.

11. Важно иметь в каждом детском саду отдельную комнату специального назначения — служить местом отдыха и сна для нуждающихся в этом детей.

12. Совмещение в одной квартире детского клуба или какого бы то ни было учреждения для взрослых с детским садом недопустимо.

13. Вопрос питания детей требует в переживаемое голодное время особенной заботы и осторожности и должен быть разрешаем как в смысле общей постановки, так и в отношении индивидуализации его при участии врача. В учреждениях дошкольного возраста дети должны получать питание 2 раза в день при 6 час. занятий и 4 раза в день, если дети находятся в учреждении целый день.

Примерное питание при 6 час. занятий:

1) утром — овощи, хлеб, кофе или чай с молоком;
2) обед из 2-х горячих блюд.

14. Помещение детского сада должно удовлетворять всем гигиеническим, санитарным и педагогическим требованиям.

15. Мебель в детском саду должна быть приспособлена к росту и силам детей. Парты абсолютно не допустимы, нужны низкие столики и стулья, низко приделанные краны и вешалки, чтобы дети могли самостоятельно мыться и вешать свою верхнюю одежду.

Ради облегчения труда руководительницы и из соображений педагогических желательно, чтобы игрушки и материалы для работ хранились во вместилищах, доступных для самих детей.

16. Детям дошкольного возраста должна быть предоставлена свобода выбора занятий. Участие ребенка в занятиях должно быть добровольным. Все руководство детьми должно выражаться в создании соответствующей обстановки, в помощи их свободным играм и занятиям.

а никак не в непрерывном вмешательстве руководительницы в жизнь детей.

17. Воспитание должно быть основано на принципах свободы, понимаемой как свободное самоопределение всех положительных свойств личности ребенка. Но истинная свобода без ограничений невозможна. К детям уже в дошкольном возрасте должны быть пред'являемы требования обязательного посильного общественно-необходимого труда, самообслуживания и самоограничения.

Для воспитания у детей способности к произвольному вниманию, играющей исключительно важную роль в развитии личности, необходимо известное время в зависимости от возраста ($1/4 - 1/2$ часа) в течение дня предоставлять занятиям по определенному заданию.

18. Для развития самодеятельности и самостоятельности в детях, всю доступную для них работу по уходу за собой, за живым и мертвым инвентарем дети производят сами. При этом должны преследоваться исключительно воспитательные, отнюдь не утилитарные цели. Каждая работа должна соответствовать силам детей и вестись охотно и радостно.

19. Расписание занятий, подобно школьному, недопустимо в детских садах.

20. Необходим соответствующий подбор игр и игрушек. Многие игры и игрушки должны быть изготовлены самими детьми. Готовые игрушки, оскорбляющие эстетический вкус, недопустимы.

21. Развитие детей дошкольного возраста должно совершаться, опираясь на родной язык. Нарочитое введение иностранных языков в учреждения для детей дошкольного возраста по педагогическим соображениям недопустимо.

22. Воспитание должно быть индивидуальным при строгом соблюдении в то же время начал общественности.

Внимательно присматриваясь к детям, принимая в соображение их силы, всю окружающую обстановку, руководительницы устанавливают необходимый минимум принуждений и требований в отношении к детям и уже с самого начала с непоколебимостью, не допуская никаких наказаний, добиваются их исполнения. Дети после 3-х лет при наличии руководительницы не нуждаются в нянях.

23. В воспитательных учреждениях для дошкольного возраста дети должны жить своей естественной детской жизнью и из окружающей их обстановки черпать все необходимое для своего непринужденного развития, никакое систематическое обучение в этом возрасте недопустимо. В виду особенно важного значения окружающей ребенка обстановки в деле всестороннего развития, на создание таковой должно быть обращено особое продуманное внимание.

24. Дети должны быть обеспечены возможностью свободно двигаться и играть. Подвижные игры заменяют гимнастику, которая, как таковая, недопустима в дошкольном возрасте. Только в отдельных случаях допускается гимнастика индивидуальная, как лечебное средство, по указанию врача. Принуждать детей к играм не следует.

25. В постановке дела воспитания дошкольного возраста должно быть обращено серьезное внимание на эстетическую сторону жизни ребенка.

Заботясь об общем художественном развитии ребенка, необходимо отвести соответствующее место в его жизни музыке. Детям должна быть предоставлена возможность слушать художественно-музыкальные произведения. Пением должно руководить опытное, специально подготовленное лицо.

26. Детский сад должен идти навстречу непреодолимой потребности детей беседовать, делиться своими мыслями, переживаниями. Первое время по поступлении детей в сад должны выдвигаться индивидуальные беседы; коллективные беседы вводятся позднее, когда руководительница узнает детей, а последние приобретут запас живых представлений, общих для всех детей.

В детском саду должен быть подбор книг и картин для детей дошкольного возраста (см. особый список). Книги и картины своею внешностью должны отвечать требованиям художественного вкуса. Текст их должен быть прост и безукоризненно литературен. Живой образный рассказ следует предпочитать чтению детям.

27. Детям должна быть предоставлена возможность максимального пребывания на открытом воздухе. Дети должны научиться любить и беречь природу. Сорванные растения

должны засушиваться, ставиться в воду, служить украшением и т. п. Собирание коллекций насекомых в дошкольном возрасте недопустимо, как недоступное возрасту и пониманию детей.

Каждый детский сад должен иметь: аквариум, террариум, живые растения и цветы, животных в роде кроликов, мышек, кошки, собаки и т. п. За всеми живыми представителями дети ухаживают сами: убирают, чистят, кормят.

28. Детский сад функционирует круглый год. Летом детей перевозят в колонию. За невозможностью осуществления таковой летние занятия должны по преимуществу происходить на открытом воздухе — в саду, на дворе, на площадке.

29. Обучению грамоте, как предмету систематическому, в школьном смысле понимаемому, не место в детском саду. Усвоение грамоты должно совершаться естественным самодовлеющим путем, вытекая из соответствующей обстановки, в связи со специальными занятиями-играми.

Недопустимо в детском саду и обучение счету. Обогащение ребенка числовыми представлениями должно совершаться естественным путем посредством деятельного наблюдения жизни в ее конкретных проявлениях при содействии специальных наглядных пособий и участия в соответствующих играх-занятиях.

30. Лица, заинтересованные делом дошкольного воспитания, допускаются к посещению учреждений только в определенные дни и в определенном количестве. За входными билетами обращаться в Дошкольный Под'отдел Секции при Петр. Гор. Отд. Нар. Обр.

Невозможность провести немедленно в жизнь все вышесказанное не должна останавливать руководительницу в ее работе. Она должна постоянно помнить, что дошкольное воспитание вводится в России в самый неблагоприятный момент.

Приложение к инструкции.

а) Усвоение детьми грамоты в детском саду.

Чтение—один из видов проявления способности речи, и только в таком виде оно может фигурировать в жизни маленького ребенка. Такого ребенка нельзя учить чтению, нельзя упражнять в чтении ради упражнения, потому что смысл такого упражнения ему непонятен, не имеет ничего общего с его интересами. Такое чтение и такое упражнение для него всегда тягостно. Воздействуя на обстановку, окружающую ребенка, следует позаботиться о том, чтобы эта обстановка привела его и к естественному непринудительному усвоению грамоты. Когда, на котором году жизни ребенка это произойдет—предугадать невозможно, как невозможно определить, на котором году жизни ребенок заговорит. Графическое слово, простое и доступное, как по своему очертанию, так и по своему содержанию, должно войти в жизнь ребенка, должно быть неот'емлемой принадлежностью окружающей его обстановки, должно фигурировать в его играх так же, как в его жизни представлено слово устное, и тогда усвоение графической речи совершится незаметно и легко. Ребенок схватывает звучащее слово целиком, целиком же он должен схватывать и слово печатное. Психологически наиболее правильным путем усвоения чтения является путь чтения отдельных слов, тесно связанных с близкими детям знакомыми, полными для них интереса, предметами. Забота руководителя должна быть направлена на то, чтобы вводить в жизнь ребенка вначале слова наиболее легкие в фонетическом и орфографическом отношении, лишь мало-по-малу усложняя трудности. На первых порах усвоение и чтение печатного слова должно происходить в неразрывной связи с обозначаемым им предметом. Усвоение чтения, в этом смысле понимаемое, не может происходить по книге, потому что книга отражает тот или другой конкретный мир в его неподвижности и предрешенности и исключает возможность движения, активности ребенка при чтении. Книга дает многое, что данному ребенку совершенно не нужно. В силу этого на первой ступени книга должна быть заменена системой карточек с напечатанными на них словами. Карточки эти должны отражать конкретный материал, окружающий данного ребенка, близкий и интересный для него. Каждой карточке должен соответствовать предмет, игрушки, картинки. Игрушки эти совместно с картинками фигурируют в специальных разнообразных играх. Доступное графическое слово должно быть щедро представлено во всей обстановке, окружающей детей, в виде соответствующих подписей под картинками, печатных имен детей на их вешалках, индивидуальных ящиках, на расписаниях дежурств, на окружающих детей предметах. Воспринимая бессознательно графему слов в связи с предметами, к которым они относятся, участвуя совместно с товарищами в подвижных играх, связанных с применением вышеупомянутого карточного материала, ребенок интуитивно постигает сущность звуко-и буквосложения и приобщается к чтению, когда его к этому приведет естественный ход его индивидуального развития. (См. брошюру: „Способ естественного усвоения детьми грамоты", М. Морозовой и Е. Тихеевой. Изд. Московского Наркомпроса.

б) Усвоение детьми счета.

Учить детей дошкольного возраста счислению недопустимо, но нормальный ребенок должен постигнуть первый десяток до семи лет. Все числовые представления, доступные для этого возраста, он должен извлечь из жизни, среди которой он живет и в которой принимает действенное участие. Его же участие в жизни, при нормальных условиях, выражается почти исключительно в работе-игре. Играя, работая живя, он непременно самолично научится считать, если мы, взрослые, будем при этом его незаметными пособниками и руководителями. Усвоение числовых представлений детьми должно совершаться на основаниях, провозглашенных Песталоцци, т. е. исключительно наглядным путем. Ребенок может составить себе представление о числе не иначе, как в неразрывной связи с предметами. Он знакомится с числовым соотношением предметов посредством созерцания. Вполне наглядными могут быть только маленькие числа, в пределах от 1 до 10, а потому только они и должны быть об'ектом нашего внимания при занятиях с детьми дошкольного возраста. Для созерцания числовых отношений в детском саду должны быть соответствующие предметы, знакомые ребенку и находящиеся всегда под рукой: камешки, бобы, спички, пуговицы, каштаны, палочки и т. п., но наилучшим, психологически наиболее обоснованным пособием, несомненно, являются мелкие игрушки. При помощи всего этого материала ведутся специальные игры-занятия, в которых вначале принимает участие сама руководительница. Игры эти выдвигаются тогда, когда то или другое числовое представление уже извлечено детьми из самой жизни и служит для уяснения и упрочения этого представления, для укрепления нужных навыков в счете. Всех возможностей, выдвигаемых жизнью и могущих попутно быть использованными для ознакомления детей со счетом, не перечтешь. Дело руководительницы не проходить равнодушно мимо них, а по возможности в порядке простого, непринужденного разговора использовать каждый соответственно той или иной цели. В этих целях можно прибегать к измерению уже с самыми маленькими детьми.

Для облегчения развития числовых представлений детей в детском саду должен иметься специальный дидактический материал, фигурирующий в соответствующих играх-занятиях. Материал этот может быть легко изготовлен домашним путем при участии самих детей. Распадается он на несколько частей по числу намеченных к разрешению задач. В зависимости от хода развития ребенка руководительница предлагает ему каждую очередную задачу сама. Вначале она лично участвует в игре-занятии или вовлекает в игру кого-нибудь из старших детей. Но в большинстве случаев малыши, следя за занятиями старших товарищей, совершенно незаметно и самостоятельно постигают сущность наблюдаемого упражнения и мало-по-малу осиливают весь материал помимо участия руководительницы. Оказывать давление на ребенка, назойливо раз'яснять ему сущность того или другого упражнения, торопить ни в каком случае не следует. (См. брошюру: „Счет в жизни маленьких детей", М. Морозовой и Е. Тихеевой). Изд. Музея „Дошкольная жизнь ребенка."

Статьи сметы детского сада на 30 детей.

Наименование статей расхода.	На месяц.		На 5 мес.	
	Руб.	К.	Руб.	К.
А. Единовременный расход.				
Организационные расходы.				
1. Ремонт помещения				
2. Оборудование и обстановка				
3. Оборудование врачебной комнаты				
В. Ежемесячные расходы.				
I. Личный состав.				
Педагогический персонал.				
1. 1-я руководительница				
2. 2-я				
3. Врач 2 раза в нед., 3 ч. в день				
4. Преподавательница пения				
Служебный персонал.				
1. Кухарка				
2. Услуги дворника				
3. Уборщица				
II. Учебная часть.				
1. Материалы для занятий (по р. на ребенка в месяц)				
2. Праздники (по р. на ребенка в месяц)				
III. Хозяйственные расходы.				
1. Квартира				
2. Отопление				
3. Освещение				
4. Мелкие хозяйств. расходы (уборка помещений, мелкий ремонт, стирка и т. д.)				
5. Пополнение инвентаря				
6. Аптека				
7. Канцелярские расходы, герб. сбор и т. д.				
8. Содержание живого инвентаря				
9. Проезды и доставка продуктов				
10. Питание по р. в день на 1 ребенка				
11. Непредвиденные расходы				

На оборудование и ремонт помещения должна быть представлена особая смета для каждого учреждения.

Жалованье уплачивается по ставкам.

Персонал пользуется столом с вычетом из жалованья по себестоимости.

Оборудование детского сада (и общежития) для детей дошкольного возраста (на 30 детей).

Мебель.

1. Передняя.

1. Вешалок с перегородками на 15 крючков (крючки на высоте 1 арш. 4 верш. и 1 арш. 6 верш.) .	2
2. Скамеек (дл. 2 арш. 2 верш., шир. 6 верш., выс. см. высоту стульчика)	2

Вешалки прибиваются на такой высоте, чтобы дети могли сами вешать и снимать пальто. Желательно устраивать вешалки так, чтобы каждый ребенок имел не только крючок для своего пальто, но открытый шкафчик с полочками вверху и внизу для шапки и обуви. Кроме детской вешалки, следует иметь одну стенную для взрослых.

2. Столовая.

1. Столов (размер: выс.—12 в., дл.—2 арш. 2 верш., шир.—1 арш.; для 5—7 л. выс.—18 верш.) .	5
2. Табуреток с низкими спинками	35
3. Низкий стол-шкаф для посуды (размер: выс.—1 арш. 2 верш., шир.—9½ верш., дл.—1 арш. 8 верш.)	1
4. Табуретка для обеденного котла или самовара	1
5. Стенная полка-вешалка для полотенец	1

Каждый стол рассчитывается на 10 детей. Табуретки снабжены низкими, состоящими из трех брусьев, спинками, из которых поперечный должен приходиться на уровне поясницы ребенка.

3. Спальня.

1. Кроваток детских (размер: выс.—11 верш., шир.—14 верш., дл.—1 арш. 13 верш.)	30
2. Столиков к ним: выс.—14 верш., велич. верхн. доски 9 × 9 в., выс. нижн. полки—5 верш. .	30
3. Стульев для взрослых	3
4. Кровать для руководительницы	1

7

В таком числе кроватки рассчитаны на общежитие. В детском саду, в комнате для отдыха, их может быть меньше. Кроватки должны быть металлические, со снимающимися решетками или без всякой решетки. Не должно быть также занавесок, пологов и т. п. Мягкие части следует доводить до возможного minimum'a. Лучше всего — тонкий волосяной матрасик на проволочной кроватной сетке. Подушка одна небольшая, волосяная или из морской травы. Столики — простые, деревянные, на 4-х ножках, для снятой на ночь одежды, с нижней полочкой, параллельной верхней доске, для обуви.

4. Комната для занятий.

1. Столов (размер, как для столовой) 5
2. Стульчиков (размер, как в столовой) 32
3. Столов для игрушек (выс.—1 арш. 2 верш., дл.— 2 арш. 8 верш., шир.—12 верш.) 2
4. Шкафов с индивидуальными ящик. (выс.—1 арш. 2 верш., дл.—2 арш. 8 верш., шир.—14 верш.) . 2
5. Шкафов для бумаги и картин (выс.—1 арш. 2 верш., шир.—1 арш. 8 верш., глубина—1 арш. 2 верш.) 2
6. Шкаф для бросов. материала (выс.—1 арш. 2 верш., дл.—2 арш. 2 верш., шир.—9 верш.) 1
7. Стульев для взрослых 3
8. Доска стенная черная небольшая для руководительницы 1
9. Столиков для террариума и аквариума . . . 2
10. Ящик гладкий полированный для обрезков . . 1

Мебель желательно иметь белую, выкрашенную масляной краской или риполином. Столы, особенно в столовой, могут быть обиты белой клеенкой. Шкафы, как индивидуальные, так и назначенные для хранения картин и бумаги, должны своими размерами и системою створок быть доступны к самостоятельному детскому пользованию. Стенная доска в комнате для занятий назначается только для руководительницы и соответственно этому вешается высоко.

5. Зал для игр.

1. Музыкальный инструмент 1
2. Стульев для взрослых 3
3. Деревянных диванчиков или скамеек для детей . 6
4. Вместо диванчиков можно иметь стульчиков . . 30
5. Экран для волшебного фонаря 1

6. Песочная.

1. Ящик для песка (размер: шир.—1 арш. 6 верш., дл.—2 арш. 6 верш., выс.—11 верш. с ножк., ножки—5 верш.) 1
2. Столы для лепки (размер: дл.—1 арш., шир.— 12 верш., выс.—11 и 12 верш.) 10
3. Стульев 15
4. Шкаф для хранен. детских работ (или стенные полки) 1
5. Стенная доска (размер: дл.—4 арш., шир.—1 арш. 4 верш.). Окрашена черной матовой краской . 1
6. Шкаф с небольшими ящичками для хранения песочных игрушек или ящики по стенам (шир.— 7 верш., дл.—9 верш., выс.—6 верш.) 1

Ящик для песка на ножках ставится прямо на пол. Столы для лепки желательны покрытые кафельными дощечками. Доска в этой комнате назначается для рисования цветными мелками и вешается соответственно росту детей.

7. Кухня.

1. Столов для взрослых 2
2. Шкаф для посуды (выс.—1 арш. 2 верш.) . . 1
3.   "   продуктов (выс.—1 арш. 1 верш.) . . 1
4. Табуреток 3
5. Стол для детей (размер, как в столовой) . . . 1

Дети принимают участие, отвечающее их силам, в кухонной работе, в силу чего стол должен соответствовать их росту.

8. Кладовая.

1. Шкафов для провизии 2
2. Столик для весов 1

9. Умывальня.

1. Столов (размер: дл.—3 арш. 2 верш., шир.—10 верш., выс.—10 верш.) 3
2. Вешалок стенных на 15 крючков 2
3. Полок деревянных стенных 2

Каждый стол назначается на 5 тазиков, стенные вешалки для полотенец, полочки для кружек и зубных щеток.

10. Ванная.

1. Скамейка (размер: длина—1 арш., шир.—6 верш., выс.—6$^{1}/_{8}$ верш.) 1
2. Стол (размер: выс.—13 верш., шир.—1 арш., длина—1 арш. 8 верш.) 1
3. Вешалка стенная на 5—10 крючков 1
4. Табуретка 1
5. Ванна . . . . 1 или 2

11. Изоляционная.

1. Кроватка для больного 1
2. Столик к ней 1
3. Стульчиков 2
4. Стол для взрослых 1
5. Кровать для взрослого 1
6. Умывальник 1
7. Стул 1

Посуда

1. Котлы для супа, каши, молока; чугун 4
2. Противни 3
3. Кружки 45
4. Тарелки 45
5. Ложки 45
6. Ножи 35
7. Вилки 35
8. Разливательные ложки 4
9. Кувшины 3

10. Вилка для мяса 1
11. Терка 1
12. Ложки деревянные 10
13. Кастрюли 4
14. Сито 1
15. Решето 1
16. Сковороды 2
17. Тазики для мытья овощей 2
18. Корыта 2
19. Рубель 1
20. Скалка 1
21. Половые щетки (2 бол. и 2 мал.) . 4
22. Совочки 4
23. Щетки для сора 2
24. " рук и столов 2
25. Ножи 3
26. Куб 1
27. Щипцы для углей 1
28. Тушилка 1
29. Солонки 4
30. Чайник большой 1
31. " для чая 4
32. Доска для хлеба 1
33. Ведра 4
34. Бадьи 2
35. Корытца для стирки мелоч. 2
36. Утюги больш. и мал. . . . . 2 и 4
37. Мясорубка 1
38. Квашня 1
39. Лампы 1

Белье

1. Фартучки (две смены) 90
2. Полотенца для рук 60
3. " " посуды 24
4. Тряпки . . . .

Желательно иметь полный комплект белья для детей, которые не могут быть в этом смысле обслужены дома, для их переодевания.

Пособия для занятий.

1. Глина . . . . 3 пуд.
2. Песок . . . . 1 воз.
3. Белая бумага . . . . ⎫ 1 стоп.
4. Цветная „ . . . . ⎭
5. Картон разн. толщины . . . . ½ пуд.
6. Карандаши черные . . . . 5 дюж.
7. „ цветные . . . . 30 кор.
8. Краски . . . . по 3 основных краски на ребенка.
9. Клей . . . .
10. Кисти для акварельных красок . . . . 30 шт.
11. „ „ клея . . . . 30 „
12. Ножницы . . . . 30 „
13. Молотки . . . . 10 „
14. Гвозди . . . . 5 ф.
15. Пилы . . . . 10 шт.
16. Топоры . . . . 2 „
17. Клещи . . . . 2 „
18. Плоскогубцы . . . . 8 „
19. Круглогубцы . . . . 4 „
20. Проволока . . . . 5 ф.
21. Лопаты . . . . 30 шт.
22. Грабли . . . . 15 „
23. Лейки . . . . 5 „
24. Ведра . . . . 3 „
25. Мотыги . . . . 3 „
26. Метлы . . . . 5 „
27. Носилки . . . . 3 „

Врачебная комната.

I. Мебель.

1. Кушетка, крытая белой клеенкой или полотняным чехлом.
2. Столик письменный деревянный, крашеный белой масляной краской.
3. Стул—1 ⎫
4. Табуретка—1 ⎭ крашеные такой же краской.

5. Умывальник, т.-е. деревянный, крашеный стол.
6. Вешалка для полотенца.
7. Шкаф для медикаментов, инструментов и перевязочного материала (деревянный, белый, выкрашенный масляной краской, со стеклянной дверцой).

II. Посуда.

1. Таз, рукомойник, мыльница, ведро, стакан (фаянсовые или эмалированные для умывального стола).
2. Плевательница (с крышкой и отверстием для наливания воды).

III. Посуда медицинская.

1. Кружка Эсмарха с кишкой, наконечником, краном.
2. Ванночка глазная.
3. Две больших стеклянных банки с притертыми пробками для хранения стерильного материала.
4. Две градуированные мензурки.

IV. Инструменты.

1. Скальпель один среднего размера.
2. Пинцета два: а) анатомический.
                б) гистологический.
3. Ножницы анатомические.
4. Шпадель металлический один.
5. Зонда пуговчатых два (малого и среднего размера).
6. Капельница для глаз.
7. Спринцовка для ушей.
8. Весы роговые с разновесками.
9. Два градусника max. (водяной и челов.).

V. Приборы.

1. Весы для взвешивания детей.
2. Измеритель роста.
3. Сантиметр.

VI. Стенные таблицы во врачебной комнате.

1. Расписание сроков изоляции детей в саду.
2. Таблица нормального отношения между ростом и весом детей в возрасте от 1 года до 8 лет.
3. Годовая прибыль в росте и весе.

Расписание сроков изоляции детей в детском саду.

Продолжительность срока разобщения учащихся, бывших в соприкосновении с заболевшими заразною болезнью или живущих с ними в одной квартире.	Дети допускаются в сад.
После скарлат. от 12—14 дн.	После 6 недель со дня появления сыпи и если нет следов шелушения.
После кори 15 дней	После 4 недель со дня появления сыпи и если нет следов шелушения.
После краснухи 10 дней	После 2 недель от начала появления сыпи.
После ветряной оспы 17 дней	Когда отпадут все корки.
После коклюша 15—20 дней.	После 6 недель от начала кашля, когда он потеряет судорожный характер и прекратится выделение мокроты.
После свинки 22 дня	После 3 недель от появления опухания желез.
После дифтерита до 14 дней	Через 3 недели по выздоровлении, по прекращении гиперемии зева, гортани и носа (при возможности бактериологического исследования — по исчезновении лефлеровских палочек).
После оспы 14 дней	Когда отпадут корки.

Примечание. Необходимо, чтобы больные в период выздоровления до допущения в сад, получили 2—3 теплых ванны (28° R).

Нормальное отношение между ростом и весом.

ВОЗРАСТ.	Рост в сит.		Вес в килогр.		На 1 сит. прихд. грамм. (Показат.).	
	Мальч.	Девоч.	Мальч.	Девоч.	Мальч.	Девоч.
Новорожденных	50	50	3,5	3,2	70	64
1 года	75	75	9	9	120	120
2 лет	85	85	12,5	12,5	147	147
3 „	93	93	14	14	150	150
4 „	97	97	16	16	165	165
5 „	103	103	17,5	17,5	170	170
6 „	111	111	19	19	171	171
7 „	121	121	22	22	181	181
8 „	125	125	24	24	192	192

Годовая прибыль в росте и весе (по Stratz).

ВОЗРАСТ.	Годовая прибыль.		На каждый сантим. роста приходится килограмм.
	В росте, в сантим.	В весе, в килогр.	
1 года	25	6	0,25
2 лет	10	3,5	0,35
3 „	8	1,5	0,20
4 „	4	2	0,50
5 „	6	1,5	0,25
6 „	8	1,5	0,20
7 „	10	3	0,30
8 „	4	2	0,50

Аптека при детском саде.

Перевязочный материал.

1. 5 пакетов бинтов 2-хвершковых.
2. 5   „   „   1   „
3. 1 фунт ваты гигроскопической.
4. 1 фунт лигнина.
5. 20 листов компрессной бумаги.

Терапевтические средства.

1. $\frac{1}{2}$ фунта бертолетовой соли.
2. $\frac{1}{2}$ „   борной кислоты.
3. $\frac{1}{2}$ „   соды двууглекислой.
4. 50 гр. вазелина.
5. 50 „   глицерина.
6. 50 „   бисмутовой мази.
7. 50 „   иодной настойки.
8. 100 „   спирта чистого.
9. 100 „   перекиси водорода.
10. 100 „   бензина.
11. 25,0 цинковых капель.
12. 25,0 Валериановых капель.
13. 25,0 Гофманских капель.

Учреждения, рекомендующие руководительниц для детских садов.

1. Дошкольный Под'отдел Петр. Гор. Отд. Н. обр.
2. Петроградское Общество содействия дошкольному воспитанию детей (Невский, 90, кв. 36).
3. Институт дошкольного образования (Казанская, 3).
4. Петроградское Общество физического воспитания (Английский, 32).

ИНСТРУКЦИЯ

по отчетности учреждений, финансируемых Дошкольным Под'отделом Петр. Гор. Отд. Н. обр.

Заведывающие учреждениями, находящимися в ведении Петрогр. Город. Отдела Народн. образ. производят расходы через посредство Дошк. секции Отд. Нар. обр Районных Советов из кредита, открытого согласно утвержденных смет. Все расходы оплачиваются прямыми ассигновками. В исключительных случаях на производство расходов отпускается аванс, который может быть возобновлен по представлении Отделу отчетов в израсходовании денег, отпущенных по предыдущему авансу, составленных по образцу № 1 (в трех экземплярах), с приложением подлинных оправдательных документов (в учреждении остаются копии отчетов, равно как и всех исходящих бумаг, все исходящие бумаги регистрируются по исходящему журналу учреждения, все поступающие— по входящему). Документы заносятся в опись отчета в порядке записи их по статьям книги сметных выполнений и перенумеровываются по каждому отчету, начиная с первого номера.

Жалованье служащим выдается по прямым, а не авансовым ассигновкам, по представлении Петр. Гор. Отделу требовательных ведомостей (в 2-х экземплярах) с обозначением должностей, занимаемых поименованными в ведомости лицами, и получаемых ими окладов, а равно приказов по Петр. Гор. Отд. или постановлений Коллегии с указанием времени определения на службу данного лица и присвоенного ему оклада жалованья. Требовательные ведомости по заполнении их расписками лиц, получающих жалованье, возвращаются для ревизии, причем оставшиеся невыданными по принадлежности в течение двух недель суммы должны быть внесены в казначейство на восстановление соответствующего кредита, из коего произведен расход, а квитанция казначейства в приеме этих денег приложена к требовательной ведомости.

Оправдательные документы.

В оправдание всякого расхода учреждения должны иметь оправдательные документы: счета, расписки, ведомости и т. д.

Счета и другие оправдательные документы должны быть составлены вполне ясно на имя того учреждения, на какое производится расход, с указанием лица, предъявившего счета к оплате, времени составления документа и существа расхода с подробным перечислением всех исполненных работ или поставленных материалов, с указанием количества, цен и сумм. На документах должна быть расписка в принятии материалов, продуктов и т. д., расписка в получении денег, причем сумма рублей указывается прописью.

Документы должны быть заверены заведующими учреждениями.

Все магазины и заведения обязаны давать учреждениям соответствующие счета, как бы ни была мала сумма. Счета на сумму 5 руб. и свыше должны быть оплачены гербовым сбором: до 100 руб. 10 коп., с каждой сотни по 10 коп., считая неполные сотни за полные. Счета на проезды, перевозки, работы и т. п. могут быть написаны от имени руководителей с соблюдением всех остальных правил. Эти счета, а равно счета правительственных учреждений, не подлежат оплате гербовым сбором.

Документы должны быть написаны чернилами или химическим карандашем; не допускаются документы, написанные на обрывках бумаги; мелкие счета, чеки, мелкие квитанции для удобства хранения и ревизии должны быть подклеены к большому бланку. Все исправления в документах должны быть сделаны красными чернилами с соответствующими оговорками; документы с подчистками приняты быть не могут.

Кассовая книга. (Образец № 2).

Все поступления и расходы должны заноситься в кассовую книгу учреждения. В приход, на левую страницу, заносятся все поступления; в расход, на правую страницу, все расходы: уплата по счетам, ведомостям на жалование и т. д., кратко, в хронологическом порядке, отдельными оборотами по каждому приходу и расходу, с указанием №№ оборотов по порядку. (Все книги должны иметь две графы: в первую — вносится сумма оборота, во вторую — итог оборотов за месяц). По истечении месяца приход и расход должны быть подсчитаны и на каждое первое число выписан остаток наличных средств, засвидетельствованный Коллегией. При занесении документов в кассовую книгу на документе цветными чернилами делается отметка № оборота кассовой книги. (Касса №   , — это и будет № документа).

Книга сметных выполнений. (Образец № 3).

В основу этой книги берется смета. Доходная — вносится на левую страницу, расходная — на другую. Для каждой сметы прихода и расхода открываются отдельные счета (по несколько страниц для каждого счета), где на первой строке указывается сумма, ассигнованная на данный расход или предположенная к получению.

Доходы и расходы, после того как будут занесены в кассовую книгу, записываются подробно по статьям книги сметных выполнений. В этой книге делается отметка оборота кассовой книги, а в кассовой книге отмечается страница книги сметных выполнений.

Итоги оборотов за отчетное время по статьям этой книги заносятся в ведомость сметных выполнений авансовых отчетов. (Образец № 1а). Общие итоги должны соответствовать итогам кассовой книги по приходу и расходу.

В конце сметного года сметные предположения и ассигнования сравниваются с поступлениями и действительно произведенными расходами, и выводится разница по каждой статье — сметный остаток, либо перерасход.

Книга инвентаря.

Все предметы оборудования, обстановки, экипировки, библиотека и т. д. заносятся в хронологическую инвентарную книгу (образец № 4) по количеству, цене и суммам кратко, общими суммами. В книгу отдела (образец № 5)— библиотечный, хозяйственный инвентарь и т. д.; инвентарь заносится уже подробно, каждый предмет отдельно. При изнашивании или утрате инвентаря таковой списывается; к концу отчетного года выводятся остатки, которые должны соответствовать инвентарю, имеющемуся в наличности. (Форма инвентарных книг не обязательна).

Продуктовая и материальная ведомости.

Приобретение и расходование продуктов и материалов также должно строго учитываться. Продукты учитываются ежедневно по ведомостям образец № 6 и два раза в месяц— образец № 7. Продуктовые ведомости представляются Петр. Гор. Отд. Н. обр. при отчете ежемесячно. Сведения о приобретении и расходовании материалов для ручного труда представляются Комиссариату при годовом отчете.

Дошкольный Под'отдел предлагает всем учреждениям придерживаться при составлении отчетов настоящей Инструкции.

Отчеты, составленные не по правилам данной Инструкции, Дошкольным Под'отделом приняты быть не могут.

Образец № 1.

В Петр. Гор. Отд. Н. обр.
ДОШКОЛЬНЫЙ ПОДОТДЕЛ.

ОТЧЕТ №

Наименование учреждения ....

Адрес ....

За .... месяц 191   г.

ПРИЛОЖЕНИЯ:

	СУММА.	
	Руб.	Коп.
Остаток денег по предыдущему отчету №		
Вновь получено:		
.... месяца 191 г., ассигн. № . . .		
.... „ 191 „ „ № . . .		
.... „ 191 „ „ № . . .		
Итого получено за месяц		
Всего получено с остатком		
Израсходовано по настоящему отчету . . .		
Остаток Руб.		

	За месяц.		С начала года.	
	Руб.	Коп.	Руб.	Коп.
Получено от Петр. Гор. Отд. Нар. обр. щению				
Ассигновано Петр. Гор. Отд. Нар. обр. по смете на 191 г. . . .				
Израсходовано				
Свободных средств				

Опись документов на произведенные расходы

с _____ по _____ месяца 191 года.

№№ по порядку.	№№ документов по кассе. книги	НАИМЕНОВАНИЕ ДОКУМЕНТОВ.	Сумма.		ВСЕГО.	
			Руб.	К.	Руб.	К.

— 113 —

Образец № 1-а.

ВЕДОМОСТЬ СМЕТНЫХ ВЫПОЛНЕНИЙ

за _____ месяц 191   года.

Страница книги сметных предположений.	НАИМЕНОВАНИЕ СТАТЕЙ РАСХОДА.	Ассигновано на месяц	Израсходовано за 191 г.	Свободно средств	Ассигновано на 191 г.	Израсходовано с начала года.	З 161 и (второе начало)

— 114 —

Страница книги сметных выписаний.	НАИМЕНОВАНИЕ СТАТЕЙ РАСХОДА.	Ассигновано на месяц.	Израсходовано за 191 г.	Свободн. средств	Ассигновано на 191 г.	Израсходовано с начала года.	Свободн. средств к 191 г.

Образец № 2.

Кассовая книга

за 191...... год.

Октябрь месяц

ПРИХОД.

Месяц.	Число.	Стр. книги сметного выполн.	Запись оборота по приходу.	Сумма оборота		Остаток нал. к началу мес. и прих. за мес.	
				Руб.	К.	Руб.	К.
			— 1 —				
Окт.	12	3	Поступило от Народн. Комиссариата по Просвещению по ассигн. № от	15.500	—		
			— 3 —				
„	27	3	Тоже по асс. №	10.000	—		
						25.500	—
			Итого ...	—	—	25.500	—

191   года.

РАСХОД.

Месяц.	Число.	Стр. книги сметного выполн.	Запись оборота по расходу.	Сумма оборота.		Остаток к концу мес. и итог расх. за месяц.	
				Руб.	К.	Руб.	К.
Окт.	15	4	— 2 —				
			Уплач. за ремонт помещения по сч. (кратко) . . .	1.000	—		
				800	—		
			— 3 —	15.786	—		
			— 4 —	5.000	—		
			— 6 —				
"	20	4	— 7 —				
			Уплач. за ремонт помещения по сч.	2.000	—	23.986	—
			Остаток на 1 ноября . . .	—	—	1.514	—
			Итого . . .	—	—	25.500	—

Образец № 3.

КНИГА СМЕТНЫХ ВЫПОЛНЕНИЙ

за 191   год.

Сч. Петр. Город. Отд. Нар. Обр.

Стр. 3.

Месяц.	Число.	№ № оборота кассов. кн.	ПОСТУПЛЕНИЯ.	Сумма.		Сумма.	
				Руб.	К.	Руб.	К.
			Ассигнов. по смете . .	—	—	153.680	—
Окт.	12	1	Поступило от Народного Комиссар. по Просвещению по асс. № ..... от .... 191 г. (на что)	15.500	—		
"	27	9	. . . .	10.000	—	25.500	—

I. Организационные расходы.

Стр. 4.   1. Ремонт помещений.

Месяц.	Число.	№ № оборота внос. книги.	ПРОИЗВЕДЕНО РАСХОДОВ.	Сумма.		Сумма.	
				Руб.	К.	Руб.	К.
			Ассигнов. по смете . .	—	—	5.000	—
Окт.	15	3	Уплачено по счету и т. д. подробно (копия докум.)	1.000	—		
"	20	7	. . . .	2.000	—	3.000	—

Образец № 4.

ИНВЕНТАРНАЯ ХРОНОЛОГИЧЕСКАЯ КНИГА

с 191____ г. по 191____ г.

СМЕТА

Стр. 1.

№ № стр. кн. см. выпол.		СТАТЬИ ПРИХОДА		Сумма	
				Руб.	К.
8	1	Ассигновано Народн. Комиссар. по Просвещению, Дошкол. Отделом		153.680	—
		Итого . . .		153.680	—

на 191   год.

№№ статей см. выше		СТАТЬИ РАСХОДА.	Сумма.		Сумма.	
			Руб.	К.	Руб.	К.
		А. Организационные расходы.				
4	1	Ремонт помещения	5.000	—		
	2	Оборудование и обстановка	5.000	—		
		И т. д.	—	—	25.000	—
		В. Ежемесячные расходы.				
	I	Личный персонал.				
		Педагогический персонал				
	1	Заведующий учрежд.	6.000	—		
	2	Врач	4.000	—		
		И т. д.	—	—		
		Итого	—	—	153.080	—

Образец № 5.

Инвентарная книга

_____ *отдела*

с 191___ по 191___ год.

ИНВЕНТАРНАЯ

ПРИХОД.

№№ по порядку.	Месяц и число.	№№ обор. класс кн. и др. пом.	От кого и что получено.	Количество.	Цена.	За наличные. Сумма.		Бесплатно. Сумма.		Всего. Сумма.		Порядковый № Инвентарной книги отделов.
						Руб.	К.	Руб.	К.	Руб.	К.	

КНИГА _____ РАСХОД.

№ № по шнуру.	Месяц и число.	№ № книги об уч... по номеру	Акт об исключении инвентаря.	Количество.	Цена.	За наличные. Сумма.		Бесплатно. Сумма.		Всего. Сумма.		Порядковый № книги уч...	Имеется уче... дохода
						Руб.	К.	Руб.	К.	Руб.	К.		

ИНВЕНТАРНАЯ КНИГА

_____ *отдела.*

№№ по порядку.	Месяц и число.	№ хронологическ. инвентарн. книги	НАИМЕНОВАНИЕ ПРЕДМЕТОВ.	Количество.	Цена.	За наличные.		Безплатно.		ПРИМѢ-ЧАНИЯ.
						Сумма.		Сумма.		
						Руб.	К.	Руб.	К.	

Образец № 6.

ПОДЕННАЯ ВЕДОМОСТЬ №

Наимен. учр. _____ Адрес: _____

Месяц _____ Число _____ Сколько времени находятся дети в учреждении:

Количество детей _____

и взрослых _____ Сколько раз дети получали питание:

Меню дня:

1-й завтрак:
Обед:
2-й завтрак:
Ужин:

НАИМЕНОВАНИЕ ПРЕДМЕТОВ.	Количество.	Цена.		Сумма.		ПРИМЕЧАНИЯ.
		Руб.	К.	Руб.	К.	
Чая						
Сахара						
Хлеба						
Молока						
Мяса						
Жира						
Масла						
Яиц						
Кореньев						
Картофеля						
Капусты						
Клюквы						
Грибов						
Муки						
„ картоф.						
Макарон						
Крупы						
Селедок						
Пряников						
Карамели						
Шоколаду						
Яблок						
Рыбы						
Кофе						
Цикорий						
Общая сумма на продовольствие		Итого.				
Средняя продовольственного дня на 1 ч.						

Образец № 107.

ВЕДОМОСТЬ ПРОДУКТОВ

за _____ месяц 191___ г.

— 132 —

I. Ведомость продуктов

за _____

Наименование продуктов	Остаток на 1 ___ 191_ г.			Поступило с 1—15 ___ 191_ г.				Израсходовано с 1—15 ___ 191_ г.				Остаток на 15 ___ 191_ г.		
	Количество	Цена	Сумма Р. | К.	№№ докум.	Количество	Цена	Сумма Р. | К.	№№ докум.	Количество	Цена	Сумма Р. | К.	Количество	Цена	Сумма Р. | К.
Итого ...														

Общая стоимость продовольствия в месяц _____
Средняя стоимость продов. одного челов. в месяц _____

Приложение: список детей.

— 133 —

месяц 191 г.

Колич. детей ....
Взрослых ....
Обедов ....
Завтраков ....
Ужинов ....

Поступило с 16 — 1 191 г.					Израсходовано с 16 — 1 191 г.					Остаток на 1 191 г.				ПРИМЕЧА-НИЯ.
№№ докум.	Количество	Цена	Сумма.		№№ докум.	Количество	Цена	Сумма.		Количество	Цена	Сумма.		
			р.	к.				р.	к.			р.	к.	

Приложение к статье „Гигиена детского сада"

Детский сад на ...... человек.

Адрес: ....

Отчетная карточка по санитарии помещения.

I.

1. Что занимает д. с., особняк или квартиру? ....
2. В котором этаже, с улицы или со двора? ....
3. Общее число комнат, сколько на улицу, сколько во двор? ....
4. Сколько служебных помещений? ....
5. Куда выходит квартира фасадом? ....
6. Общая площадь жилых комнат ....
7. Площадь и характер служб ....
8. Общая кубатура помещения ....
9. Кубатура зала и комнат для занятий ....
10. Общее число окон и размер их ....
11. Имеются ли комнаты, лишенные окон? ....
12. Сила естественного освещения ....
13. Вентиляционные средства ....
14. Система отопления и число печей ....
15. Имеется ли в непосредственн. близости двор, сад или площадка? ....
16. Заключение врача о пригодности данного помещения для исполняемой им функции ....

II. Санитарное содержание помещения.

1. Полы и способ их очистки ....
2. Стены и их очистка ....
3. Система вентилирования ....
4. Приемы отопления и средняя t° помещения ....
5. Санитарное состояние служб:
    a) уборных ....
    b) коридора ....
    c) кухни ....
    d) кладовой ....
    e) прихожей ....
    f) ванны ....
6. Заключение врача о санитарной постановке содержания данного помещения ....

ВЕДОМОСТЬ ПИТАНИЯ.

Детский сад на _____ человек. Адр. _____

Месяц _____

Число.	Хлѣб.	Мука.	Рыба.	Мясо.	Молоко.	Сахар.	Масло.	Картофель.	Капуста.	Морковь.	Свекла.	Р и с ъ.	Брюква.	Клюква.	Крупа.	И к р а.	Чечевица.	Горох.	В о д а.	Чисто овощ.	Сѣно 1 мѣс.	Сѣно (пост).	Сѣно (дѣтск).	Сѣно, жир.	Штрих, сах.	МЕНЮ.

КОЛИЧЕСТВО ПРОДУКТОВ БЕЗ ОТБРОСОВ

Детский сад на _____ чел. Адр. _____

Отчётная карточка по диэтике питания.

Период времени от _____ по _____ 19 ___ года.

Общее число посещений (выдачи, пайков) _____

Общее количество, характер продуктов и средняя дневная порция на ребенка.

Продукты	Общее количество (окш.)	На 1 реб. в день.	Cal. на 1 реб. в день.	Cal. азот	Cal. без азот.	Cal. жир
Мясо						
Рыба						
Хлеб						
Мука						
Масло						
Жир						
Сахар						
Картофель . .						
Морковь . . .						
Капуста . . .						
Свекла						
Репа						
Чечевица . .						
Крупа						
Икра						
Клюква . . .						
	Итого . .		Итого . .	Итого . .	Итого . .	Итого . .
			Требуемая cal.	Требуемая cal.		
			Требуемая отт. белк.			

Средн. возраст детей _____ года.
„ вес „ _____ кгр.

№ ....
Детский сад .... района
.... ул., дом № ...., кв. № ....

САНИТАРНАЯ ВЕДОМОСТЬ.

		Данныя опроса.
1	Имя и фамилия	
2	Возраст (годы и месяцы)	
3	Месторождение	
4	Национальность	
5	Давно-ли в Петрограде	
6	С кем живет?	
7	Как вскормлен?	
8	Какия перенес болезни?	
9	Сколько детей в семье?	
10	Сколько умерло?	
11	От каких болезней?	
12	Занятие родителей?	
13	Их возраст	
14	Когда последний раз привита оспа?	

Данныя врачебного наблюдения.

		Даты.	Даты.
1	Вес		
2	Рост		
3	Окр. груди		
	a) ур. подмыш.		
	b) „ сосков		
	c) „ меч. отр.		
4	Окр. живота		
	a) ур. пупка		
	b) дуга между sp. il. ant. s. и пуп.		

Данныя врачебнаго изслѣдованія.

		Даты.	Даты.
1	Скелет		
2	Мышцы (дрябл., атроф., нормальн.)		
3	Питаніе (хор., удовл., неуд., крайн. истощ.)		
4	Кожа		
	a) окраска		
	b) сыпь		
	c) рубцы		
	d) сухость		
	e) оспопривив.		
5	Лимф. аппар.		
6	Полость рта и зѣва		
7	Зубы		
8	Орг. дыханія		
9	Орг. кровообращ. (р. и Т)		
10	Органы пищевар.		
11	Орг. зрѣнія (сост. конъюнкт.)		
12	Орг. слуха (нар. сл. проход.)		
13	Орг. обонянія (слиз. носа)		
14	Физическіе недостатки		

Нервная система.

1	Состояніе рефлексов		
	a) зрачнаго		
	b) сухожильнаго		
	c) глоточнаго		
2	Дермографія		
3	Enures. noct.		
4	Бол. чувствит.		
5	Замѣтные признаки недостат. психич. сф. реб.		

Заключение.

		Даты.	Даты.
1	Соответствует-ли физич. сост. возрасту?		
2	Общий Habitus		
	a) Призн. диатеза:		
	лимфатического		
	эксудативного		
	скрофулезного		
	b) Предрасположения:		
	рахитич.		
	туберкул.		
3	Физические призн. вырожден.		

Карточка по психическому исследованию.

Детский сад,

находящийся на ....
Карточка № .... по психическому исследованию.
Имя и фамилия ....
Возраст ....

1. Интеллект. область.

1. **Понимание.**
   Проявляет ли понимание окружающего? лиц, предметов обихода и учебных пособий?
   Ориентируется ли во времени и в местонахождении?
   В какой области проявляет наибольшее понимание?

2. **Память.**
   Легко ли запоминает и что именно? цвета, звуки, названия, имена, форму, содержание рассказанного, стихи, песни?
   Не наблюдается ли склонности к запоминанию без понимания задержанного памятью (формальная память)?

3. **Внимание.**
   Проявляет ли внимание и к чему именно?
   Способен ли сосредоточить внимание на одном предмете или на нескольких?
   Не останавливает ли внимания на части предмета вместо целого (гармония частей)?
   Способен ли на активное внимание?

4. **Связь представлений и понятий.**
   Наблюдается ли логичность в мышлении?
   Способен ли обобщать по внешним признакам, по одному или нескольким?
   Способен ли обобщать по внутреннему содержанию?

5. **Изобретательность, творчество, фантазия.**
   Проявляет ли изобретательность и творчество в занятиях, работах, играх?
   В чем и как именно?
   Сказывается ли фантазия в той или иной форме?

6. Соображение.
Проявляет ли сметливость, находчивость, быстроту соображения в практической жизни, играх, занятиях?

7. К чему проявляет наибольший интерес? Нет ли ясно выраженной ограниченности круга интересов?

8. Что преобладает — память, воображение или рассудок?

II. Эмоциональная область.

1. Какое настроение преобладает — грустное, подавленное или, наоборот, весёлое, повышенное? Наблюдается ли частая смена настроений?

2. Как реагирует на окружающие явления? Проявляет ли повышенную чувствительность, или тупость её?

3. Склонен ли к сильным душевным волнениям (аффектам) и если да, то чем они вызываются?

4. Наблюдается ли проявление высших нравственных чувств — любви к ближнему, чувство долга, товарищества, самопожертвования, искренности?

5. Нет ли проявлений эгоизма, лживости, скрытности, хвастливости?

III. Волевая область.

1. Выказывает ли настойчивость в занятиях? Доводит ли начатое дело до конца?

2. Наблюдается ли склонность к послушанию, пассивному или активному?

3. Замечается ли способность к волевой выдержке, и чем она обусловливается?

4. Легко ли поддается внушению?

5. Не проявляет ли властолюбия, стремления первенствовать, или легко подчиняется другим?

Тип ребёнка.

Заключение врача.

Анкетный лист для опроса детей, поступающих в детский сад [1]).

I. Семья. Домашняя обстановка.

1. Знает ли собственное имя (не уменьшительное)?
2. „ „ „ фамилию?
3. „ „ „ возраст?
4. „ „ имя отца?
5. „ „ матери?
6. „ „ чем занимается отец?
7. „ „ „ „ мать, братья и сестры?
8. „ „ сколько у него братьев?
9. „ „ сестер?
10. Какую работу заставляют исполнять дома?
11. Знает ли название улицы, на которой живет?
12. „ „ № дома, в котором живет?
13. Есть ли товарищи?
14. Во что играет с товарищами?
15. Какая любимая игра?

II. Знакомство с цветом.

1. Различает ли белый цвет?
2. „ „ красный цвет?
3. „ „ синий цвет?
4. „ „ зеленый цвет?
5. „ „ желтый цвет?
6. Что знает белого, красного, синего, зеленого, желтого цвета?

III. Знакомство с городом.

1. Знает ли название города, в котором живет?
2. Если город на реке, то знает ли ее название?
3. Не знает ли названия еще какой-нибудь реки?
4. Был ли в каком-нибудь садике?
5. Что там видел?
6. Был ли на катке?

---
[1]) Заимствовано у Московского Педагогического кружка.

7. Ездил ли на трамвае?
8. " " " конке?
9. Был ли на какой-нибудь фабрике?

IV. Знакомство с деревней и природой.

1. Был ли где-нибудь, кроме своего города?
2. Жил ли в деревне?
3. Как она называлась?
4. На чем ехал туда и оттуда?
5. Видел ли стадо в деревне?
6. Каких животных видел в деревне?
7. Каких птиц видел?
8. Сколько ног у курицы? у коровы?
9. Знает ли, откуда берется молоко?
10. Был ли в лесу?
11. Какие животныя живут в лесу?
12. Какие деревья там видел?
13. Собирал ли в лесу грибы?
14. Какие?
15. Ходил ли в лес за ягодами?
16. За какими?
17. Видел ли гнездо?
18. Где оно было?
19. Слыхал ли, как кукует кукушка? как поют птицы?
20. Купался ли и где?
21. Видел ли, как ловят рыбу?
22. Какую рыбу знает?
23. Видал ли море?
24. " " пароход?
25. Видал ли рожь в поле?
26. Зачем рожь сеют?
27. Видал ли, как пашут поле? чем пашут?
28. Из чего получается сено?
29. Знает ли какой-нибудь цветок?
30. Где его видел? Пахнет ли он?
31. Видал ли огород?
32. Что там расло
33. Что рвал съедобного с дерева?
34. Где лучше, в городе или деревне?
35. Когда лучше, зимой или летом?

V. Наблюдения над небом.

1. Видел ли небо?
2. Какого цвета небо в ясный день?
3. " " " " дождливый день?
4. Видел ли солнце? месяц? звезды?
5. Где видел?
6. Когда видел, ночью или днем?
7. Видел ли, как солнышко садится?
8. Какое бывает тогда небо?
9. Когда гремит гром, зимою или летом?

VI. Речь.

1. Связно ли говорит?
2. Правильное ли произношение?
3. Рассказывает ли дома кто-нибудь сказки?
4. Может ли сам рассказать сказку?
5. Знает ли какую-нибудь песенку?
6. " " какое-нибудь стихотворение?
7. " " какую-нибудь загадку?
8. Различает ли значение слов: сегодня, завтра, вчера, утро, вечер, ночь?
9. Что длиннее, год или месяц?
10. " " месяц или неделя?

VII. Грамота и счет.

1. Умеет ли читать?
2. Знает ли буквы?
3. Писал ли когда-нибудь и что?
4. Умеет ли сознательно считать до 10?
5. Знает ли, сколько на руках пальцев?

Материал для работ.

Что касается материала для работ, то он так разнообразен и находится в такой зависимости от умения и изобретательности руководительницы им воспользоваться, что вряд ли возможно и нужно его перечислять.

Теперь особенно быстро входит в моду так называемый „бросовый материал". Идея использовать для работ всякий хлам, особенно в переживаемое нами дорогое время, очень привлекательна; но будем осторожны при пользовании этим материалом, чтобы не приучать детей к фабрикации никому ненужных и безвкусных вещей. Конечно, если ребенок употребил обрывок бумаги, конфектную обертку, пуговицу на приготовление себе игрушки,— это вещь нужная и серьезная; но если мы будем собирать конфектные обертки, лубочные безобразные картинки и будем учить детей изготовлять из них вещи, служащие „украшению" комнаты,— мы будем извращать его художественный вкус.

Существует материал и более или менее общий для всех детских садов, как глина, бумага, мелки, фанеры, доски, обрубки, палки, торцы, солома, мочало, вата, кожа, лоскуты и т. п., который Петроградские детские сады могут отчасти приобрести через Дошк. Отдел Нар. Комисс. по Просв., для чего необходимо написать заявление в Отдел Снабжения при Дошк. Отделе, за подписью руководительницы и завед. учреждениями дошкольного возраста.

Игрушки и игры, необходимые в детском саду.

1) Большой резиновый мяч, 2) 15 маленьких черных мячей, 3) плюшевый Мишка, а также другие мягкие игрушки, 4) кубики, 5) кирпичики, 6) складная изба, 7) большая кукла [1]) (или семья кукол), которую старшие дети могут обшивать, 8) куклы в крестьянских платьях, 9) стадо, 10) домашние животныя, дикие звери, птицы, 11) большая лошадь, 12) волчки, 13) резиновые игрушки, 14) некоторые кустарные, 15) разборные шары, бочки,

---

[1]) Имеющиеся в продаже большие, очень тяжелые фарфоровые куклы для этой цели не пригодны.

грибы, яйца и т. п., 16) наборы мелких игрушек для игр, связанных с усвоением грамоты и развитием речи, 17) песочные приборы, 18) скакалки, 19) вожжи, 20) обручи, 21) тачки, 22) совки для песка, 23) бубенчики, колокольчики, 24) повозочки, 25) крокет, 26) серсо, 27) кегли, 28) городки.

Большинство игр, как всевозможные лото, домино и т. п., дети должны приготовлять сами. Кроме того, хорошо иметь бирюльки, блошки, шашки, хальму, некоторые виды головоломок, войлочные городки для игры в комнате. Желательно иметь музыкальный ящик, стереоскоп, зеркало для открыток, симметроскоп. Некоторые из вышеозначенных игрушек и игр можно получить через Отдел Снабжения при Дошк. Отд. Народн. Комиссар. по Просвещению.

Список музеев в Петрограде [1]).

1. Музей „Дошкольная жизнь ребенка" (Таврическая, 17, кв. 8).

Музей находится в периоде организации, имеет в виду ответить на запросы педагогов-дошкольников.

Отделы:

А. Иллюстрирование главнейших отделов воспитания.

а) Физическое воспитание:

1) гигиена питания, 2) гигиена движения, 3) гигиена одежды, 4) гигиена кожи, 5) гигиена детской комнаты. Таблицы, диаграммы и картины физич. разв. этого возраста.

б) Духовное развитие:

1) пособия для развития внешних чувств, развития речи, беседы, 2) ручной труд (дет. работы, образцы работ, инструменты, литература, материал), 3) рисование и лепка (дет. работы, образцы, литература, материал), 4) игры и игрушки, 5) пособия по пению и музыке, 6) природоведение и экскурсии, 7) грамота и счет, 8) средства для эстетического образования, 9) педагогическая читальня.

Б. Учреждения.

Ясли, детские сады, очаги, общежития, колонии и площадки.

Открыт для публики от 4—9 ч. веч., кроме понедельн. и субботы по воскресеньям от 1—5 ч. веч.

---

[1]) Список этот приводится для сведения руководительниц. Водить них детей можно лишь по выбору и с осторожностью.

2. Зоологический музей Академии Наук (В. О., Университетская наб.).

> Открыт для публики от 11 до 3 ч. бесплатно. Музей закрыт по понедельникам, в день Нового года, 3 дня св. Пасхи и Р. Хр. и с 15 июня по 1 августа.

3. Музей Ботанического сада (Аптекарская наб., 1—2).

> Открыт ежедневно, кроме праздников, от 1 до 3 ч. Вход бесплатный. При посещении группами уведомлять заранее.

4. Сельскохозяйственный музей.
(в зд. Соляного городка, Фонтанка, 10).

> Открыт ежедневно, кроме субботы, от 10 до 3 ч. Вход в музей бесплатный.

5. Музей Горного института (В. О., 21 лин., 2).

> Открыт для публики в праздн. дни и воскр. с 12 до 3 ч. дня, вторн. и пятн. с 10 до 3 ч. дня для публики, по средам и четв. от 10—3 ч. дня для экскурсий.

6. Подвижной музей учебных пособий при Постоянной Комиссии по техническ. образов. Русск. Техн. Об-ва (Прилукская, 10).

> Выдает за плату и доставляет на дом во временное пользование наглядные пособия и коллекции по всем предметам естествознания, а также проекционные фонари, световые картины и научный кинематограф с полным оборудованием. Открыт ежедневно, кроме праздников, от 10 до 3 ч. дня, для выдачи (с 1 сент. по 15 мая) по понед. сред. и пятн. от 11—2 ч., по вторн., четвергам и субботам от 1—5 ч.

7. Музей прикладных знаний (Пантелеймоновская, 2).

> Состоит из двух отделов: 1) Музея Педагогического и 2) Музея Технического. При музее „Кабинет русского языка", в котором собраны книги, картины, таблицы и др. пособия по преподаванию русского языка в начальной школе. Открыт ежедневно, с 11—4 ч.

8. Русский музей (Инженерная, 4).

> Открыт ежедневно (кроме понедельн.) с 1 марта по 1 окт. от 12—4 ч. дня, с 1 окт. по 1 марта от 12—3 ч. дня.

9. Центральный педагогический музей (Дворц. наб., 2).
10. Педагогические библиотеки: 1) О-ва сод. дошк. восп.— Невский, 90, кв. 36, 2) Об-ва Грамотности—Театральная, 5.
11. Педагогическая читальня при Музее „Дошк. жизнь ребенка" (Таврическая, 17, кв. 8).

Книги для детей [1].

1. **Моя первая книжка**. Раскидной альбом картин, изображающих предметы из окружающей жизни. Изд. Кнебель. Ц. 1 р. 50 к.
2. **Наши друзья**. Раскидной альбом картин, изображающих домашних животных и птиц. Изд. Кнебель. Ц. 1 р. 75 к.
3. **Книжка-картинка**. Изд. Кнебель. Ц. 2 р. 75 к.
4. **Сорока-воровка кашу варила**. Изд. Девриена. Ц. 40 к.
5. **Сорока-Дуда**. Изд. Сытина. Ц. 60 к.
6. **Бабушка Татьяна**. Люшина первая книжка. Висковатов. Изд. Девриена. Ц. 1 р. 60 к.
7. **Песни бабушки Татьяны**. Вторая Люшина книжка. Изд. Девриена. Ц. 1 р. 60 к.

   Содержанием двух последних книжек служат народные сказки, песенки, прибаутки, побасенки.
8. **Кочеток и Курочка**. Сказка по Афанасьеву. Изд. Девриена. Ц. 1 р. 60 к.
9. **Сказка о лисичке-сестричке и волке**. С рис. Э. Лисснера. Изд. Г. Лисснера. Ц. 75 к.
10. **Черничный дедка**. Рисунки и текст Э. Бесковой. Пересказ со шведского Огильви. Издание Девриена. Ц. 2 р.
11. **Колобок**. Сказка. Изд. Саблина. Ц. 50 к.
12. **Теремок**. Сказка. Изд. Саблина. Ц. 50 к.
13. **Сказка о дедке и репке**. Картинки Бем. Изд. И. Горбунова-Посадова. Ц. 15 к.
14. **Зайка-играйка, глазун-сова и другие рассказы няни Никифоровны**. Для самых малых детей, от 3 до 6 лет. Д. Л. Иванов. С рис. автора. Изд. А. Ф. Девриена. Ц. 1 р. 30 к.
15. **Чернильные человечки**. О. Л. д'Ора. Изд. Вольфа. Ц. 3 р.

---

[1] Ниже приведенные книги далеко не соответствуют тем требованиям, которые должны быть предъявляемы к книге для детей дошкольного возраста. Но в виду отсутствия книг, удовлетворяющих этим требованиям, мы указываем наиболее приемлемые из существующих.

16. Ай-ду-ду! Русские народные сказки, песенки, прибаутки, побасенки. Изд. Мамонтова. Ц. 20 к.
17. Крошки-корешочки. Изд. Кнебель. Ц. 50 к.
18. Лесная царевна. Изд. Кнебель. Ц. 50 к.
19. Санки-самокатки. Текст Р. К. Рис. А. В. Ложкина. Изд. Кнебель. Ц. 50 к.
20. Снегурка. Снеговик. Текст Р. К. Рисунки А. Ложкина. Изд. Кнебель. Ц. 50 к.
21. Для малюток. Л. Н. Толстого. Рисунки П. П. Гославского. Первая и вторая книжки. Изд. Радуга. М. 1911 г., по 50 к.
22. Козел. Русская народная песня. Рис. Неручева. Изд. Сытина. Ц. 75 к.
23. Сказки-картинки. В. Каррика. Изд. Б. М. Вольфа. Вып. по 10 к. №№ 1, 2, 3, 4, 5, 6, 7, 8, 9, 10, 11, 12, 13, 15, 16, 17, 18, 19, 24, 25, 28.
24. Собрание родных сказок. Н. Тулупов. По Афанасьеву и др. сб. Изд. Сытина. Ц. 1 р. 50 к.
25. Первое чтение после букваря. Тулупова и Шестакова. Изд. Сытина, 12 кн. Ц. 3 к. за кн.
26. Друг за дружкой. Рассказы В. Лукьянской. С тремя крашеными и многими черными рисунками. Изд. Посредника. Ц. 40 к.
27. Железная дорога. Рассказы и стихи. С двумя крашеными картинками в тексте и многими черными. Изд. Посредника. Ц. 40 к.
28. Через речку. С двумя крашеными и многими черными картинками. Изд. Посредника. Ц. 30 к.
29. Шалуны. Изд. Посредника. Ц. 30 к.
30. Веселая тройка. Сборник рассказов и стихов из жизни детей. Изд. Посредника. Ц. 30 к.
31. Цыплятки. Изд. Посредника. Ц. 30 к.
32. Малыши. Изд. Посредника. Ц. 30 к.
33. Колобок. Морозко. Снегурка. Теремок мышки. Народные русские сказки с крашеным рисунком на обложке и черными в тексте. Е. Бем. Изд. Посредника. Цена каждой книжки 30 к.
34. Сказки старухи-говорухи о животных (из народных сказок). Рисовали С. М. Дудин и Н. И. Ткаченко. Изд. А. Ф. Девриена. 6 выпусков по 85 к.

35. Сказка про сову. К. Сент-Илера. Изд. Общественной Пользы. Ц. 25 к.
36. Пушок и Пушинка. Ж. Массон. Изд. Поповой. Ц. 5 к.
37. Подружка. Книжка для маленьких детей. Бостром. С 130 рис. Изд. 2-е И. Д. Сытина. Ц. 80 к.[1])
38. Для крошечных людей. Е. Горбуновой и В. Лукьянской. Изд. Посредника. Ц. 80 к.
39. Для маленьких людей. Е. Горбуновой и В. Лукьянской. Изд. Посредника. Ц. 1 р. 20 к.
40. Лесные звери. Изд. Посредника. Ц. 40 к.
41. Любимая книжка. Изд. Посредника. Ц. 40 к.
42. Наши лошадки. Изд. Посредника. Ц. 15 к.
43. Наши зверки. Изд. Посредника. Ц. 65 к.
44. Как Юра знакомится с жизнью животных. Рассказы о животных и их жизни. А. Бостром. Изд. Сытина. Ц. 75 к.
45. Первые рассказы из естественной истории. Для детей, только-что научившихся читать. М. Быковой. Вып. I и II. Изд. Ступина. Ц. 75 к.
46. Жизнь и приключения лягушки-квакушки. Изд. Посредника. Ц. 25 к.
47. Гнедко. Ахшарумова. Изд. Ступина. Ц. 50 к.
48. Мурка. Шмидт. Изд. Ступина. Ц. 50 к.
49. Малыш и Жучка. Дмитриевой. Тип. Стасюлевича. Ц. 50 к.
50. Лиса-Патрикеевна. Сливицкого. Тип. Стасюлевича. Ц. 50 к.
51. Жар-птица. Детский сборник. Изд. Шиповник. Петр. Ц. 1 р. 25 к.
52. Первая поездка. А. Л. Толстая. Изд. Вольфа. Ц. 2 р.
53. Коротай Коротаевич. Нянина сказка. Текст и иллюстра Жили Н.нвого. Изд. Задруга. Ц. 60 к.

---

[1]) Это умело составленный сборник рассказов для самых маленьких детей, знакомящий их в занимательной и вполне доступной форме с окружающим миром. Все рассказы расположены в постепенной трудности, переходя от самых близких ребенку предметов и простых явлений к более сложным.

Книжка эта, охватывающая цикл необходимых знаний для детей до 7 л., может быть полезна в детском саду.

54. Смоляной бычок. Изд. Сытина. Ц. 1 р. Конец сказки требует изменения.
55. Емеля охотник. Мамина-Сибиряка. Изд. Ступина. Ц. 50 к.
56. Веселая зима. Сергиевской. Издание Девриена. Ц. 30 к.
57. В неволе и на воле. Алтаева. Рис. Комарова. Изд. Сытина. Ц. 30 к.
58. Коза-Дереза. Рис. Яковлева. Изд. Кнебель. Цены нет.
59. Мордочка и еще пять рассказов. Е. Елачича. Изд. автора. Ц. 35 к.
60. Мышенок. Н. И. Живого. Изд. Сытина. Ц. 75 к.
61. Библиотека Новой Школы Тулупова и Шестакова. 1-й год обучения. Изд. Сытина. Цена каждой книжки 3 коп.
62. Красный фонарь. Вутечич. Изд. Вольфа. Ц. 25 к.
63. Два мирка. Книга для маленьких детей. А. Бостром. Изд. Сытина Ц. 1 р. 25 к.
64. Белочка Чок-Чок и другие рассказы. С. Венцель. С 26-ю рис. Изд. Посредника. Ц. 40 к.
65. Дружба в мире животных. Рассказы А. Ульяновой. Изд. Посева. Ц. 30 к.
66. Снегирь. Изд. Сытина. Ц. 75 к.
67. Андрейкины сотенки. Г. Г. Тумима. Серия I. Книжки I, II и III. Загадки, пословицы, шутки. Изд. Сытина. М. 1914 г. По 15 коп.
68. Приключение Кролли. П. Соловьева (Allegro). К-во Тропинка. 1914 г. Ц. 75 к.
69. Сказка о рыбаке и рыбке. Пушкина. Изд. Сытина. Ц. 60 коп.

Книги для руководительницы.

Настоящим списком мы пытались охватить вопросы дошкольного воспитания и придти на помощь, главным образом, родителям и воспитателям, которые, чувствуя свою неподготовленность в деле педагогики, не имеют возможности пополнить свое образование на специальных курсах. Мы не стремимся дать подробный исчерпывающий список, ставящий часто в тупик лиц, желающих им воспользоваться. В самом деле, на какой из 10 — 20 книг, трактующих об одном и том же вопросе, остановиться, если ни заголовок книги, ни ее автор ничего вам не говорят? Приобрести все вы не имеете возможности, а останавливаясь просто на первой попавшейся из них, часто совсем не получаете ответа на ваши запросы. Исходя из этого, мы указываем не более одной-двух книг по каждому вопросу, отступая от своего плана лишь в наиболее важных областях, где самые минимальные требования не могут удовольствоваться только одной, хотя бы и выдающейся книгой.

Особо стоит вопрос о ведении занятий в детских садах и их организации. В виду крайней бедности и неудовлетворительности подобной литературы, мы даем в этой области, по возможности, исчерпывающий список. Для более удобного пользования списком, помещаем подробное оглавление содержания книг.

Само собой разумеется, что данная литература не даст родителям и воспитателям полной подготовки для педагогически-воспитательской деятельности. Она послужит только толчком для дальнейших исканий [1]).

История культуры.

Липперт, Ю. История культуры. В трех отделах. С 83 рисунками в тексте. Перев. с нем. А. Острогорского и П. Струве. 7-е издание Ф. Павленкова. Спб. 1907 г. Ц. 1 р. 60 к. 402 стр.

Содержание. Отдел I. Забота о пропитании, одежда и жилище.— Отдел II. Общество: семья, собственность, правительство и суд.— Отдел III. Духовная культура: язык, культ и мифология.

Анатомия.

Бурцев, И., д-р. Анатомия человека с указанием на микроскопическое строение и физиологические свойства

---

[1]) Желающих получить более подробный указатель педагогической литературы отсылаем к книге Н. Е. Румянцева „Обзор литературы по психологии детства". Изд. Петр. Учит. школы. Ц. 60 к.

тканей и органов и с кратким очерком истории развития зародыша. Руководство для фельдшерских школ. 16-е изд., исправленное и дополненное д-рами А. И. Бурцевой, К. И. Бурцевым и Ю. Э. Пода. С 477, частью цветными, рисунками в тексте. Спб. 1911 г. Ц. 1 р. 80 к.

Психология.

Сикорский, И. А., проф. *Начатки психологии.* С 20 фигурами в тексте. Изд. 2-е, дополненное. Киев 1909 г. Ц. 1 р. 35 к. VI + 138 стр.

Содержание: Отд. I. Исторический очерк развития учений о душе. Отд. II. Психология животных. Отд. III. Душа и мозг. Отд. IV. Ум и познание. Отд. V. Чувство. Отд. VI. Воля. Отд. VII. Инстинктивная и низшая жизнь. Отд. VIII. Сознательное и бессознательное. Отд. IX. Индивидуальность. Отд. X. Из психологии детского возраста. Отд. XI. Успехи психизма и его будущее.

Его-же. *Душа ребенка.* Издание автора. Киев, Ярославов вал, 15. 1906 г. Ц. 1 р.

Содержание: Основные факты психического развития ребенка. Основные факты из сравнительной психологии. Развитие и изменение души с возрастом: I. Душа в возрасте первого детства. II. Душа в возрасте второго детства. III. Юность. IV. Зрелый возраст. V. Старость.

Гаупп, проф. *Психология ребенка.* Перевод с нем. А. Ф. Левоневского. Под ред. и с предисл. д-ра Д. В. Фельдберга. Изд. О. Богдановой. Спб. 1910 г. Ц. 75 к. 136 стр.

Содержание: Часть I. Психология маленького ребенка: К истории детской психологии. Методы детской психологии. Литература. Периоды детства. Душевная жизнь новорожденного. Развитие ребенка в первый год его жизни. Развитие речи у ребенка. Развитие внимания у ребенка. Развитие чувства у ребенка. Развитие воли. Развитие мышления. Детская ложь. Влечения детей. Детские игры. Различие полов в раннем детстве.

Часть II. Психология ребенка школьного возраста: Общие замечания. Мир представлений ребенка при вступлении его в школу. Внимание ребенка школьного возраста. Память. Умственная работоспособность школьника. Учение об усталости школьников. Почерк ребенка. Способность школьника к письменному выражению мыслей. Ребенок и искусство. Завершение детства. Половое созревание.

Часть III. Душевно-ненормальные дети. Слабоумные. Нравственно-помешанные. Нервные. Неврастеники и дегенераты. Душевнобольные. Дети с недостатками в органах чувств. Заключение.

Прейер, В. Душа ребенка. Наблюдения над духовным развитием человека в первые годы жизни. Перевод с последнего (7-го) немецкого издания под редакцией В. Ф. Динзе. Изд. Богдановой. Спб. 1912 г. Ц. 2 р. 25 к. 298 стр.

Содержание: Часть I. О развитии органов чувств и чувствований: Зрение. Чувствительность к свету. Различение цветов. Движение век. Движение глаз. Направление взора. Видение вблизи и вдаль. Толкование виденного. Зрение оперированных слепорожденных. Зрение новорожденных животных. Слух. Глухота новорожденных. Первые звуковые ощущения и восприятия. Слух новорожденных животных. Осязание. Чувствительность новорожденных к прикосновению. Первые осязательные восприятия. Чувствительность к температуре. Вкус. Вкусовая чувствительность новорожденных. Сравнение вкусовых впечатлений. Чувство вкуса у новорожденных животных. Обоняние. Обоняние новорожденных детей. Различение запахов. Обоняние новорожденных животных. Общие чувства. Чувства удовольствия. Чувства неудовольствия. Чувство голода. Чувство сытости. Чувство усталости. Душевные движения. Страх. Удивление. Общее развитие чувств и чувствований.

Часть II. О развитии воли: Движения ребенка, как волевые проявления. Распознавание детской воли. Классификация движений ребенка. Импульсивные движения. Рефлекторные движения. Первый крик и другие дыхательные рефлексы. Глотание, икота и родственные рефлексы. Законы рефлексов. Рефлексы испуга. Задержка рефлексов. Волевые рефлексы. Многообразие рефлексов. Инстинктивные движения. Инстинктивные движения новорожденных животных. Развитие хватания. Сосание, кусание, жевание, скрежетание и лизание. Держание головы. Как ребенок научается сидеть. Как ребенок научается стоять. Как ребенок научается ходить. Подражания. Выразительные движения. Улыбка и смех. Вытягивание губ. Поцелуй. Громкий плач и сморщивание лба. Качание головой и кивание. Поднимание плеч. Просьба руками и показывание. Обдуманные движения в узком смысле. Общее развитие воли.

Часть III. О развитии рассудка и языка. Память без слов. Образование понятий без слов. Логика без слов. Бессловесный язык глухонемых детей. Пробелы языка и рассудка. У микроцефалов. У обезьяно-подобного мальчика. У одичавших детей. О сущности усвоения языка. Расстройство языка у взрослых. Органические условия усвоения языка. Параллель между расстройствами языка у взрослых и его несовершенствами у детей. Лалопатии. Дисфразии. Дислялии. и амимии. История развития языка у ребенка. О развитии чувства „я". Общее развитие рассудка. Хронологический обзор.

Селли-Джемс. Очерки по психологии детства. Перевод с английского Александра Громбаха. Изд. К. Тихомирова. Москва 1909 г. Ц. 2 р. 456 стр.

Содержание: Возраст, когда господствует воображение. Почему мы приписываем детям богатое воображение. Переработка предметов воображением. Воображение и игра. Свободное создание фантастических образов. Воображение и сказочная страна. Рассвет разума. Процесс мышления. Период вопросов. Продукты детской мысли. Мысли ребенка о природе. Психологические представления. Богословские представления. Маленький языковед. Первый лепет. Переход к членораздельной речи. Первое копирование речи. Преобразование наших слов. Логическая сторона детского языка. Образование предложений. Слова получают настоящее значение. О страхе. Чувствительность детей. Устрашающее действие звуков. Страх перед видимыми предметами. Страх перед животными. Боязнь темноты. Страх и средства для его облегчения. Основные элементы нравственности. Первоначальный эгоизм. Зачатки альтруизма. Лживость детей. О подчинении. Борьба с порядком. Дитя, как сторонник порядка. Мудрый законодатель. Дитя, как художник. Первые впечатления от красоты в природе. Отношение ребенка к искусству. Начало художественного творчества. Маленький рисовальщик. Первые опыты рисования. Первые изображения человеческой фигуры. Человеческая фигура спереди и в профиль. Первые изображения животных. Человек верхом и т. д. Сводка фактов. Объяснение фактов. Библиографические указания.

Клапаред, Эд. Психология ребенка и экспериментальная педагогика. Перевод со 2-го французского изд. под ред. Д. Ф. Кацарова. С предисловием и дополнениями автора к русскому изданию. Изд. О. Богдановой. Спб. 1911 г. Ц. 1 р. 167 стр.

Содержание: Введение. Психология и педагогика.—Глава I. Исторический обзор.—Глава II. Задачи педагогической психологии.—Глава III. О методах.—Глава IV. Душевное развитие. Физическое развитие. Влияние физического развития на процессы духовной жизни. Игры и подражание. Каково назначение детства. О привлекательном для ребенка воспитании. Психо-биологическое понимание интереса. Эволюция интересов.—Глава V. Умственное утомление. Измерение утомления. Влияние различных факторов на утомляемость. Понгенетический коэффициент различных отраслей знания. Влияние физической работы на умственное утомление. Проблема утомления. Резервуар энергии. Переутомление. Отдых.

Друммонд, И. Введение в изучение ребенка. Перев. с англ. Изд. „Москов. Кн-во". 1910 г. Ц. 3 р. 385 стр.

Содержание: Введение. Подготовка. Осторожность при изучении детства. Биология и изучение детства. Методы изучения детства. Как изучать младенца. Взвешивание и измерение. Несколько фактов по вопросу о росте. Чувства и нервная система. Здоровье ребенка. Утомление. Инстинкты детей. Инстинкт и привычка. Интересы детей. Формы выражения: А. Речь.—Б. Рисование. Некоторые нравственные особенности. Религия и дитя. Ненормальные и исключительные дети.

Рыбников, Н. Введение в изучение ребенка. Изд. Педологич. Музея Учит. дома в Москве. 1918 г. Ц. 1 р. 75 к. 47 стр.

Содержание. Глава 1-я. Глава 2-я. Методы изучения детства. Глава 3-я. Как следует вести наблюдения. Глава 4-я. Что следует наблюдать. Предварительные сведения. Первый день жизни. Умственное развитие. Внешние чувства. Движение. Чувство. Воля. Ум. Речь. Религиозное чувство. Детское чтение. Детские игрушки. Детские представления. Детские рисунки. Круг представлений деревенского ребенка. Круг представлений городского ребенка. Литература по детской психологии.

Румянцев, Н. Е. Педология (наука о детях), ее возникновение, развитие и отношение к педагогике. Изд. О. Богдановой. Спб. 1910 г. Ц. 25 к. 82 стр.

Содержание: Глава I. Педагогика и психология. Психология детства. Мнения Локка, Руссо, Пирогова и Ушинского. Зарождение науки о детях. Почему наука о детях появилась поздно. Обстоятельства, благоприятствовавшие развитию науки о детях. Успехи естествознания. Научное и практическое значение изучения детей. Развитие науки о детях. Наука о детях в Америке и в Европе, в Англии, Франции, Германии. История науки о детях в России. Неблагоприятные условия для ее развития. Первые работы. Психологическая лаборатория и ее роль в педологическом движении. Педологические курсы. Педологическая литература.—Глава II. Задачи педологии. Способы изучения детства. Воспоминания взрослых о своем детстве. Отдельные наблюдения над детьми; коллективные наблюдения. Метод опроса. Недостатки этого метода. Эксперимент, как средство изучения детей. Его значение. Опыты над отдельными детьми в лаборатории и в школе. Массовые опыты. Изучение при помощи эксперимента индивидуальных особенностей личности. Классификация сочинений по детской психологии.—Глава III. Общий взгляд на развитие детей. Физическое развитие ребенка. Антропометрический метод. Метод опроса. Некоторые выводы из наблюдений над физическим развитием детей. Общая характеристика духовного развития ребенка. Наблюдения над развитием отдельных способностей детей и значение их для педагогики.

Физическое развитие ребенка.

Лесгафт, П. Ф. Руководство по физическому образованию детей. I и II ч. Изд. Петроградской Биологической лаборатории. Спб. 1909 г. Цена: I ч.— 1 р. 50 к., II—2 р.

Чулицкая-Тихеева, Л. И., д-р. Гигиена детского сада. Журн. „Дошкольное Воспитание" за 1915 г.

Ее же. Гигиена нервной системы ребенка. Вопросы дошкольного воспитания. Вып. II. Изд. Об-ва сод. дошк. восп. дет. Спб.

Ее же. Пищевой режим детей дошкольного возраста Журн. „Воспитание и Обучение" за 1914 г.

Ее же. Лето в отношении здоровья детей. Журн. „Воспитание и Обучение" за 1915 г.

Гундобин, проф. Воспитание и лечение ребенка до 7-лет. возраста. Спб. 1902 г. Ц. 2 р. 245 стр.

Феер, Е., проф. Руководство по детским болезням. С 176 рис. в тексте. Перев. с нем. д-ра мед. М. Я. Брейтмана и Н. А. Викторова. Под ред. проф. Харьковск. унив. И. В. Троицкого. Изд „Практическая Медицина". Спб. 1913 г. Ц. 6 р. 780 стр.

Игнатьев, В. Е., д-р. Биологические особенности детей дошкольного возраста и его гигиена. С рис. и диаграммами. М. Кн—во „Практические Знания". Ц. 1 р. 25 к. 75 стр.

Содержание: Введение. Рост и вес детей. Изменения отдельных частей скелета. Внутренние органы. Питание детей. Нервная система и органы чувств. Активность ребенка и значение интереса при деятельном его состоянии. Заключение.

Бидерт, проф. Дитя. Руководство по уходу за больным и здоровым ребенком со дня его рождения до школьного возраста. С рис. Пер. с нем. д-ра Ал. Лазарева. Изд. „Сотрудника" в Киеве. 1908 г. Ц. 5 р. 25 к. 450 стр.

Содержание: Нормальное развитие ребенка. Уход за ребенком на первом и втором году жизни. Кормление на 1-м и 2-м году жизни. Предупреждение болезней. Уход и питание при болезнях детей на 1-м и 2-м году жизни. Уход и питание при болезнях пищеварительных органов и некоторых других болезнях на 1-м и 2-м году жизни. Врожденные болезни, которые имеют значение при акте родов и тотчас после родов. Врожденные болезни, приобретающие значение в более позднем возрасте. Учреждения для детей. Врачебно - гигиенический надзор за детьми, отданными на воспитание, попечение о сиротах. Конституциональные заболевания. Питание и уход, начиная с 3-го года жизни, особенно в нейтральном детском возрасте. Введение. Развитие ребенка в указанном возрасте. Питание ребенка с 3-го года жизни, особенно в нейтральном детском возрасте. Уход в нейтральном детском возрасте. Предупреждение болезней и уход при них с 3-летнего возраста.

Нервные дети.

Босма, Г. Нервные дети. Медицинские, педагогические и общие замечания. Перев. с немецк. Н. Кашина. Под ред. Д. Н. Королькова. Изд. К. Тихомирова. М. 1908 г. Ц. 50 к. 81 стр.

Содержание: Введение. Причины. Признаки нервности детей. Уход. Меры предосторожности.

Оппенгейм, проф. Воспитание и нервные страдания детей. Перевод д-ра С. А. К—на. Доклад, читанный в Берлинском психологическом обществе. Кн—во "Современные проблемы". М. 1908 г. Ц. 30 к. 44 стр.

Содержание: Природные задатки. Вскармливание и уход за телом. Закаливание тела и укрепление физических сил. Мышечная деятельность и развитие силы. Головокружение. Развитие сил и свойств, которые служат для борьбы с аффектами. Ненормальная робость. Пример и подражание. Характер. Воля. Простота и ограничение своих потребностей. Чистоплотность и любовь к порядку. Застенчивость. Понимание природы. Большой город и деревня. Занятия музыкой. О значении школы и умственной работы. Расстройство сна. Преждевременное пробуждение половых стремлений.

Воспитание воли и характера.

Пэйо, Ж. Воспитание воли. Перевод с французского А. Шишмаревой. Изд. Павленкова. Спб. 1914 г. Ц. 60 к. 166 стр.

Содержание: Теоретическая часть. Зло, с которым предстоит бороться: различные формы абулии (безволия) у учащихся и вообще у людей умственного труда. Какую цель мы должны себе поставить? Опровержение ложных и безотрадных теорий относительно воспитания воли. Исследование роли идей в ряду элементов, образующих волю. Исследование роли эмоций. Возможность владычества ума. Значение сосредоточенного размышления для воспитания воли. Что значит размышлять и как размышлять? Значение действия в деле воспитания воли. Физическая гигиена для учащейся молодежи по отношению к воспитанию воли. Общий взгляд.

Практическая часть. Враги, с которыми надо бороться: сентиментальность и чувственность, товарищи, софизмы ленивых. Размышления, укрепляющие волю. Радости труда. Вспомогательные ресурсы, которые дает нам среда. Общественное мнение; профессора. Влияние "великих мертвецов". Заключение.

Кершенштейнер, Г. О характере и его воспитании. Перев. с немецк. Е. Пашуканиса. Изд. газеты „Школа и Жизнь". Спб. 1913 г. Ц. 50 к. 87 стр.

Содержание: Значение слова характер. Развитие понятия индивидуальности у Шлейермахера и Банзена. Понятие индивидуальности у Рибо, Зигварта и Фулье. Понятие интеллигибельного характера и его четыре корня. Сила воли. Ясность суждения. Чуткость. Возбудимость души. О сущности воспитания характеров. Воспитание характера в семье. Воспитание характера в школе. Самовоспитание.

Толстой, Л. Н. Избранные мысли о воспитании и образовании. Со статьею И. Горбунова-Посадова: „Что внес Л. Н. Толстой в разрешение вопроса о воспитании и образовании". Изд. „Посредника". М. 1909 г. Ц. 25 к. 40 стр.

Содержание: Ложный и истинный путь воспитания и образования. Свобода и насилие в школе. О справедливости и наказаниях. Воспитание и гармоническое развитие человеческой личности. Из мыслей об обучении и образовании. О нравственном воспитании.

Обухов, А. М. Свободное воспитание и дисциплина. 2-е изд. „Сотрудн. школ". М. 1913 г. Ц. 40 к. 108 стр.

Кей, Э. Век ребенка. Перевод Е. К. Изд. Саблина. М. 1910 г. Ц. 1 р. 50 к.

Содержание: Право ребенка избирать своих родителей. Неродившееся поколение и женский труд. Воспитание. Отчужденность от дома и семьи. Школа, убивающая душу ребенка. Школа будущего. Преподавание религии. Детский труд и детские преступления.

Религиозное воспитание.

Лозинский, Е. Новые проблемы воспитания. I т. Изд. И. В. Казначеева и И. С. Симонова. Спб. 1912 г. Ц. 1 р. 75 к. 287 стр.

Содержание: Религия. Нравственность. Сексуальное воспитание.

Казмин-Вьюгов, Н. О религиозном воспитании детей. Скл. издания: „Т-во Издательское Бюро". Спб. 1908 г. Ц. 35 к. 47 стр.

Критика господствующих систем религиозн. воспитания.

Калмыкова, А. М. Проблемы нравственного воспитания нашего времени. Изд. журн. „Русская Школа". Спб. 1913 г. Ц. 15 к.

Ушинский, К. Д. О нравственном элементе в русском воспитании. Собр. педаг. соч. Том I. Тип. Меркушева. Спб. 1909 г. Ц. 1 р. 50 к. 206—262 стр.

Рыбников, Н. Религиозная драма ребенка. Психологический этюд. Библиотека Педагогическ. Музея Учит. дома в Москве. 1918 г. Ц. 60 к. 16 стр.

Эстетическое воспитание.

Брауншвиг, М. Искусство и дитя. Очерк эстетического воспитания. Перевод с французского Е. М. Чарнолуской, под ред. В. И. Чарнолуского. Изд. Т-ва „Знание". Спб. 1908 г. Ц. 1 р. 205 стр.

Часть I. Общие принципы эстетического воспитания. Место, занимаемое искусством в нашем обществе. Дитя — художник. Эстетическое воспитание: его задачи и пути.—Часть II. Художественная среда. Красота ребенка. Искусство в доме. Искусство в школе. Игры и игрушки. Красота городов. Красоты природы. — Часть III. Искусства детей. Обучение рисованию. Обучение пению. Поэзия. Детская литература. Заключение.

Рубинштейн, М. М. Эстетическое воспитание детей. Изд. „Практич. Знания". М. 1917 г. 153 стр.

Содержание: Необходимость эстетического воспитания. Из истории проблемы эстетического воспитания. Сложность проблемы эстетического воспитания. О понятии эстетического. Добро и красота в их взаимоотношении. Эстетика, религия и ценность истины. Эстетизм и социальная жизнеспособность. Цели эстетического воспитания детей. Эстетические восприятия у детей. Общая характеристика пути эстетического воспитания детей. Обучение-ли? Истинный дилетантизм и его смысл. Эстетическая подготовка педагогов. Несколько слов о конкретных путях эстетического воспитания. Указатель литературы.

Психология игр.

Колоцца, Д. А., проф. Детские игры, их психологическое и педагогическое значение. Перевод с итальянского. Изд. Московского книгоиздат. „Душевная жизнь детей". Библиотека педагогической психологии под редакц. прив.-доц. Н. Д. Виноградова и А. А. Громбаха. М. 1909 г. Ц. 1 р. 50 к. 266 стр.

Содержание: Часть I. Игра с психологической точки зрения. Происхождение игры. Игра—запасный капитал. Игра и психическая деятельность. Игра у высших животных. Психические элементы в человеческих играх. Без избытка нет игры. Молодые существа постоянно играют. Различные классификации игр. Основание нашей классификации. Подражание и игра. Наследственные склонности и игра. Воображение и игра. Драматические действия в игре. Комический элемент в игре. Чувствования в игре. Эстетические чувствования и игра. Музыкальные чувствования и игра. Естественная среда и игра. Игра и социальная среда. Умения и игра. Познания и игра. Игра не есть упражнение только в одном каком-либо виде деятельности. Всякая игра — новый опыт.

Часть II. Игра в истории педагогики. Мысли Платона и Аристотеля о воспитательной игре. Детские игры у римлян. Детская игра в средневековой литературе. Игра в эпоху Возрождения. Витторино да Фельтре и игра. Мысли Рабле об игре. Мысли Монтэня об игре. Локк и детские игры. Лейбниц и игра. Мысли Фенелона об игре. Д. Стеллини и его мысли об игре. Игра в „Эмиле" Руссо. Кант и игра. Игра в произведениях г-жи Кампан. Мысли г-жи Неккер об игре. Базедов и игра. Нимайер и игра. Мысли Апорти об игре. Мысли Росмини об игре. Игра в произведениях Фребеля.

Часть III. Игра с педагогической точки зрения. Какую цель должны иметь игры в учреждениях для детей. Необходимость избытка при игре. Условия для возникновения игры. Два важных педагогических правила. Игр нельзя предписывать. Связь между игрою и наследственностью. Сила внушения и игра. Выполнение и изобретение в игре. Игра, как средство физического воспитания. Игра, как средство воспитания глаза. Игра, как средство воспитания слуха. Игра и мускульное чувство. Игра и развитие осязания. Игра и душевная жизнь. Игра, как средство воспитания памяти. Игра и внимание. Игра и эмоциональное развитие. Игра — борьба. Одиночество при воспитании. Игрушки. Кукла. Игра и эстетическое чувство. Воображение в игре. Положительные и отрицательные стороны иллюзий. Суждение в игре. Игра, как средство развития воли. Нежелание и игра. Игра, как способ экспериментирования. Игра и приобретение познаний и умений. Игрушки, дающие знания. Истинные противники Фребеля. Игра и труд.

Кейра. Детские игры. Исследование о творческом воображении у детей. Изд. Думнова. М. 1908 г. Ц. 80 к. 110 стр.

Содержание: Творческое воображение у ребенка. Природа игры. Психология детских игр. Классификация детских игр. Игра в куклы. Детские игрушки.

Игрушка. Ее история и значение. Сборник статей под редакцией Н. Д. Бартрам. С 5 рисунками в красках на отдельных листах и с 114 рисунками в тексте. Издание Т-ва И. Д. Сытина. Москва 1912 г. Ц. 1 р. 25 к. 245 стр.

Содержание: Исторический очерк развития игрушек и игрушечного производства на Западе и в России. Л. Оршанский. — Русская народная игрушка в XIX веке. Сергей Глаголь. — Игрушки у малокультурных народов. В. Харузина. — Воспитательное значение игрушки. В. Малахиев-Мирович. — Кустарный игрушечный промысел Московской губернии. В. И. Боруцкий. — Игрушки и начатки ручного труда. Н. Д. Бартрам.

Бартрам, Н. Игрушка — радость детей. Родителям и детям. Изд. Т-ва И. Д. Сытина. М. 1912 г. Ц. 1 р. 144 стр.

Содержание: Значение игрушки. Самодельные игрушки. Помощь при выборе игрушек.

Лубенец, Т. Об игрушках. Доклад, прочитанный в Киевском обществе народных детских садов. Издание Киевского об-ва народн. детск. садов. Ц. 20 к. 16 стр.

Болдырева, Ю. Н., д-р. Игрушка, ее психологическое и педагогическое значение. Спб. 1916 г. Ц. 30 к.

Умственное переутомление у детей.

Сикорский, И. А., проф. Сборник научно-литературных статей по вопросам общественной психологии, воспитания и нервно-психической гигиены, в пяти книгах.

Книга третья. Статьи по вопросам нервно-психической гигиены. С 25-ю таблицами рисунков. Изд. Иогансона. Киев 1900 г. Ц. 1 р. 226 стр.

Содержание: Об охранении высших сторон здоровья. Об явлениях утомления при умственной работе у детей. Здравоохранительное значение целомудрия. О письме с точки зрения физиологии и гигиены. Ненормальные и болезненные характеры. Основные вопросы нервно-психического здравоохранения: 1. О развитии и охранении чувств. 2. Развитие и охранение ума и памяти. 3. Развитие воли. 4. Симметрическое развитие душевных способностей. О постановке преподавания и воспитания сообразно естественному ходу умственного развития: 1. Психология и воспитание. 2. Основы среднего образования. 3. Изучение языков. 4. Преподавание научных предметов. Воспитательное значение наук. Жизненное значение и успехи художественного творчества.

О'Ши, М. В. Роль активности в жизни ребенка. Перев. с английского. Библиотека педагогической психологии под редакцией прив.-доц. Н. Д. Виноградова и А. А. Громбаха. Издание Московского Книгоиздательства. М. 1910 г. Ц. 1 р. 50 к. 286 стр.

Содержание: Часть 1. Роль движения в воспитании. Развитие задерживающей способности. Динамическое воспитание. Динамика в школьных занятиях. Ручная деятельность в воспитании. Условие приспособительных видов деятельности. Усвоение подражательных видов деятельности. Обучение искусствам, преподаваемым в школах. Развитие координированных действий. От основного к добавочному в воспитании.

Часть 2. Деятельность и трата энергии. Влияние утомления на продуктивность умственной и физической работы. Экономность в расходовании энергии. Эстетические влияния и умственное напряжение. Несколько распространенных форм бесполезной траты энергии. Глаза и трата нервной энергии. Соотношение между расписанием занятий и тратою нервной энергии. Свод изложенного в предыдущих главах.

Наблюдения над детьми.

Дернова-Ярмоленко, А. А. Дневник матери. Книжка для систематических наблюдений и записей над телесным и душевным развитием ребенка. Рисунки сделаны с фотографических снимков г. Любовикова. Изд. Сытина. Ц. 40 к. 88 стр.

Содержание: Введение. Предварительные сведения. 1-й день жизни (Вопросы. Нормальные данныя. Запись матери). 1-я неделя жизни. 2-я неделя. 3-я неделя. 4-я неделя. 2-й месяц. 3-й месяц. 4-й месяц. 5-й месяц. 6-й месяц. 7-й месяц. 8-й месяц. 9-й месяц. 10-й месяц. 11-й месяц. 12-й месяц. 1-я половина 2-го года. 2-я половина 2-го года. 3-ий год. Программа для наблюдений за сном, за развитием чувств, двигательных и умственных способностей ребенка. Рисунки. Литература.

Россолимо, Г. И. План исследования детской души в здоровом и болезненном состояниях. (С приложением таблицы для записи данных объективного исследования интеллекта). Пособие для родителей, педагогов и врачей. Изд. 2-ое, дополненное. М. 1909 г. Ц. 30 к. 40 стр.

Значительную часть „плана" составляют вопросы, относящиеся к психологии.

Лазурский, А. Ф. Программа исследования личности. Изд. Лаборатории Педагогической психологии. Спб. 1908 г. Ц. 20 к. 24 стр.

Лившиц, К. П., д-р. К вопросу о выработке программы исследования детской психики с первых дней рождения.

Ненормальные и отсталые дети.

Demoor, Jean, проф. **Ненормальные дети, воспитание их дома и в школе**. Перевод д-ра Р. Б. Певзнер, под редакцией и с примечаниями прив.-доцента Московского университета д-ра медицины Г. И. Россолимо. Вопросы педагогической психологии. Вып. I. Изд. Сытина. М. 1909 г. Ц. 1 р. 371 стр.

Содержание: Первая книга. Проблемы специального воспитания. Научные положения.—I глава. Биологические законы развития. Наследственность. Функциональное раздражение. Влияние жизненных условий.—II глава. Законы развития ребенка с педагогической точки зрения. Влияние наследственности. Физическая неустойчивость родительского организма. Туберкулез. Сифилис. Алкоголизм. Нервные расстройства. Близкое кровное родство. Состояние здоровья матери. Функциональное раздражение и жизненные условия. Их влияние на развитие.— III глава. Общее понятие о человеческой жизни. Нормальное состояние у взрослого и у ребенка. Причины аномалий. Главные общие заболевания, благодаря которым могут возникнуть такие преходящие или общие расстройства, что нормальный ребенок может сделаться ненормальным. Недостаточное питание. Рахит. Малокровие. Бледная немочь. Болезни нервной системы. Сифилис. Воспаление мозговых оболочек не туберкулезного происхождения. Туберкулезное воспаление мозговых оболочек. Болезни без анатомической подкладки. Судороги. Эпилепсия. Пляска св. Витта. Припадки ночного страха. Истерия.—IV глава. Некоторые данные из физиологии нервной системы.

Вторая книга. Нормальный и ненормальный ребенок.—I глава. Признаки нормального ребенка. Характерные признаки раннего возраста. Зрение. Слух. Двигательная способность. Речь. Воля. Память. Внимание. Характерные признаки нормального развития. Вес и рост. Прорезывание зубов. Роднички. Движения. Сфера чувств. Ночное недержание мочи. Сфера ассоциаций.—II глава. Исследование нормального ребенка. Наследственность. Окружающая обстановка. Воспитание. Внутриутробная жизнь ребенка. Его рождение. Физическое состояние ребенка. Исследование состояния питания. Аденоидные разращения. Микседема. Состояние нервной системы. Психическое состояние ребенка. Исследование внимания. Исследование сферы ассоциаций. Моральное состояние ребенка. Состояние ребенка с педагогической точки зрения.—III глава. Классификация ненормальных детей: I. Дети отсталые в педагогическом отношении. II. Дети, отсталые в медицинском отношении: a) нравственные дегенераты или слабоумные, идиоты первой степени, b) идиоты второй степени, c) идиоты третьей степени: кретины, микседематозные идиоты, идиоты-эпилептики, идиоты-сифилитики, идиоты микроцефалы и гидроцефалы. Идиотизм, как результат воспалительного процесса. Простой идиотизм.

Третья книга. I глава. Лечение и воспитание медицинск отсталых. Физическое лечение. Врачебно-педагогическое лечение и воспитание. Упражнения для развития общей чувствительности, мускульного чувства и осязания. Упражнения для развития слуха. Упражнение для развития зрения. Умственное воспитание. Воспитание в правилах общежития. Терапевтическое лечение. Хирургическое лечение.—II глава. Лечение и воспитание умственно-пассивных детей. Лечение и воспитание пассивных детей, состояние которых зависит от аденоидных разращений. Лечение и воспитание детей, страдающих психической хореей. Лечение и воспитание детей, у которых нарушено психическое равновесие. Обучение. Воспитание. Лечение и воспитание детей — нравственных дегенератов.

Четвертая книга. Методика.—I глава. Некоторые соображения о методах обучения педагогически отсталых детей. Гимнастика во вспомогательных школах, ее значение, методы. Гимнастика и физическое развитие. Гимнастика и умственное развитие. Методы. Ручной труд во вспомогательных школах. Лечение неправильностей речи. Неправильности речи. Речь отсталых детей. — II глава. Вспомогательные школы для отсталых. Необходимость вспомогательных школ. Роль вспомогательных школ. Организация вспомогательных школ. Прием учеников. Преподавательский персонал вспомогательных школ. Программа вспомогательных школ. Взаимоотношение между вспомогательными школами и родителями учеников.—Добавление: ритмическая гимнастика. Детские типы. Литература.

Рагозина, З. А. История одной души (Елена Келлер). Глухая, немая, слепая. С 17 портретами, автографами и рисунками. Изд. Маркса. Спб. Ц. 80 к.

Содержание: Елена Келлер. Во тьме кромешной. Мисс Селливан. Сумерки. Пробуждение. Расцветание. Первое горе. Борьба с университетом. Университет. Впечатления и оценка. Личные характеристики. „Оптимизм" (Литературный дебют Елены Келлер).

Ковалевский, П. И., проф. Отсталые дети (идиоты, отсталые и преступные дети), их лечение и воспитание. Изд. „Вестн. Душевных Болезней". Спб. 1906 г. Ц. 1 р. 254 стр.

Содержание: Вырождение. Причины идиотии. Клиническая картина идиотии. Микроцефалия. Макроцефалия. Нанизм или инфантилизм. Гигантизм. Кретинизм. Монгольский тип идиотии. Амавротический идиотизм. Эпилептический идиотизм. Тупоумие, отсталость, неуравновешенность и неустойчивость. Нравственный идиотизм и преступность. Лечение идиотии. Воспитание идиотов, тупоумных, отсталых и преступных. Заведения для идиотов.

Сборники.

Зельтер, П., проф. и Рейн, В., проф. Дитя. Физический и духовный уход за ним от рождения до зрелости. В двух частях. Перев. с нем. проф. Д. А. Соколова. С 185 рис. Изд. Брокгауз-Ефрон. Ц. 8 р. Часть I. Физический уход за ребенком и питание его.

Содержание: Часть I. Цель и границы физического воспитания ребенка. Введение к медицинской части. Ребенок во время беременности, родов и послеродового периода. Уход за здоровым ребенком на первом и втором году жизни. Питание на первом и втором году жизни. Уход в детском возрасте, особенно в „нейтральном" детском возрасте. Питание в детском возрасте, особенно в нейтральном. Зрелость. Предупреждение болезней ребенка, питание и уход во время болезни. Уход при болезнях новорожденного ребенка. Питание и уход при расстройствах питания и пищеварения, а также меры предупреждения их. Конституциональные болезни. Предупреждение заразных болезней, уход и питание при них. Предупреждение, уход и питание при болезнях органов дыхания и кровообращения, мочевых органов и кожи. Болезни глаз и уход при них в детском возрасте. Болезни уха и верхних дыхательных путей и уход при них у ребенка. Зубы ребенка. Нервность в детском возрасте. Физические уродства и повреждения и уход при них. Повреждения. Первое прибавление. Школьная гигиена. Школьные болезни. Второе прибавление. Общественное и частное призрение детей.

Часть II: а) Обоснование. О цели воспитания. Возможность воспитания. б) Осуществление. Духовное развитие ребенка. Домашнее воспитание и детские сады. Воспитание в интернатах. Организация школы. Постановка воспитательного и учебного дела. Попечительные учреждения. Воспитание и обучение ненормальных детей.

Книга о ребенке. Коллективный труд специалистов по вопросам воспитания детей и ухода за ними. Часть первая. Перевод с немецкого под редакцией д-ра Л. Г. Оршанского. Изд. В. М. Саблина. М. 1912 г. Ц. 2 р. 360 стр.

Содержание первой части: Введение. Брак, наследственность и этика размножения. Обязанности матери перед рождением детей. — Отд. I. Тело ребенка. Красота ребенка. Тело ребенка и его развитие. Питание грудного младенца. Общий физический уход и гигиена ребенка в раннем возрасте. Гигиена детской. Уход за здоровьем детей школьного возраста. Детский рост. Питание ребенка. Глаз, уши, глотка и нос. Уход за зубами в детском возрасте. Одежда ребенка. Острые инфекционные болезни в детском возрасте. Первая помощь в несчастных случаях и при заболеваниях детей. Половой вопрос в детском возрасте. — Отд. II. Душевная жизнь ребенка. Нравственное чувство ребенка. Влечение ребенка к игре и искусству. Нервность в детском возрасте. Детские самоубийства. Ребенок и преступление. Характер и его недостатки.

То-же. Часть вторая. Ц. 3 р. 575 стр.

Содержание: Художественное устройство детской. Развитие речи и задержка ее. Игры и занятия раннего возраста. Иллюстрированные книги. Общее воспитание характера в раннем детстве. Ручной труд мальчиков. Роль практической работы при воспитании девочек. Художественное восприятие. Ребенок—рисовальщик. Ребенок—скульптор. Пробуждение музыкального чувства. Ученические концерты. Ребенок и сцена. Ученические спектакли. Детское чтение. Ребенок и внешний мир. Ребенок и природа. Гимнастика для мальчиков. Гимнастика для девочек. Игры на открытом воздухе. Спорт. Хороводы и общественные танцы. Художественный танец. Общее воспитание характера. Производительный труд и его воспитательное значение. Нравственное воспитание ребенка. Из истории педагогики. Фребель и его создание — детский сад. Основные вопросы школы. Новейшие методы обучения. Совместное обучение детей обоего пола. Школьная гигиена. Семья и школа. Воспитание сирот. Исправительные заведения. Детские убежища. Каникулярные экскурсии. Лесные школы. Глухонемой ребенок и его образование. Слепые дети. Слабоумные дети. Воспитание и образование калек и ортопедия.

Вопросы дошкольного воспитания. Сборник первый Петроградского общества содействия дошкольному воспитанию детей. Издание т-ва „Просвещение". Спб. 1912 г. Ц. 1 р. 25 к. 320 стр.

Содержание: Введение. От редакционной комиссии. — Часть I. Основные вопросы дошкольного воспитания. С. П. Лебедева. — Общество содействия дошкольному воспитанию в Петрограде. С. П. Лебедева. — Основные принципы организации домашних детских садов. М. А. Чеховой. — Каким условиям должны удовлетворять домашние и народные детские сады общества. Значение народных детских садов. Е. И. Иорданской. — Первая детская летняя колония Общества. Л. В. Глаголевой. Детская летняя колония в 1911 году. Е. Ф. Купорт. — Зимняя детская колония для учащихся Общества. Е. П. Ивашевой.—Школа и домашний детский сад Общества. — Комиссия по детским садам. Е. И. Иорданской. — Лекционная комиссия Общества. — Библиотечная комиссия, показательная постоянная выставка детских и педагогических книг и журналов и организация детской библиотеки. В. П. Фан-дер-Флит. — Часть II. Мысли Герцена о воспитании. В. Рахманова. — Мысли о воспитании высших чувствований. Д-ра Н. Н. Реформатского. — О развлечениях для детей. Е. И. Тихеевой. — Влияние театра на детей и юношей школьного возраста. Барона Н. В. Дризен. — Воспитательный и эстетический элемент в играх, занятиях и игрушках нашей детской. И. В. Ковалевской. — Прислуга и дети. Е. Е. Соловьевой. — Почему дети не слушаются матерей. Н. Е. Румянцева. — Школа и характер. Е. И. Тихеевой. — Отношение современной школы к „старой" и „новой". Е. И. Тихеевой. — О лепке и ее значении в дошкольном возрасте. По протоколу лекции И. Я. Гинцбурга. — Анкета Об-ва сод. дошк. восп. детей о детском чтении. — Устав Общества.

Вопросы дошкольного воспитания. Сборник второй Петроградского общества содействия дошкольному воспитанию детей. Спб. 1913 г. Ц. 1 р. 225 стр.

Содержание: Гигиена нервной системы ребенка. Л. И. Чулицкой-Тихеевой.—Дефекты речи и умственная отсталость у детей. Д-ра В. Н. Кигермана.—К вопросу о половом воспитании. Н. Румянцева.—Любовь к природе и развитие этого чувства в детях. С. Лебедева.—О постановке музыкального образования в школе и семье. Н. Доломановой.—Мир в сказках для детей. А. Дерновой-Ярмоленко.—Музей и школа. М. Новорусского.—Родной язык в семье и школе. Е. И. Тихеевой.—Желательный тип детского журнала. Е. Е. Соловьевой.—Обзор педагогических журналов дошкольного воспитания за 1912 г. Е. Иорданской.—Общий отчет деятельности Общества за 1912 г.—Денежный отчет за 1912 г.—Список пожертвований.—Протокол ревизионной комиссии Об-ва.—Обзор деятельности комиссии по детским садам. Я. Дзюбинской.—Отчет о народном детском саде на Разъезжей ул. за 1912 г.—Из практики народного детского сада. Я. Дзюбинской.—Доклад о пятилетнем существовании школы и детского сада Об-ва. Л. Глаголевой.—Из жизни зимней колонии. Е. Ивашевой.—Устав Об-ва.

Практика детского сада

Проект дома для Детского сада на 30 приходящих детей в возрасте от 3-х до 7-ми лет. Составлен и издан Музеем „Дошкольная жизнь ребенка". Пгр. 1919 г. Ц. 10 р.

Проект дома Общежития с детским садом и яслями на 30 детей в возрасте от 3 до 7 лет и на 15 детей в возрасте от 1—3-х лет. Составлен и издан Музеем „Дошкольная жизнь ребенка". Пгр 1919 г. Ц. 15 р.

Блонский, П. П. Введение в дошкольное воспитание. Кн-во „Практические Знания". Москва 1915 г. Ц. 1 р. 50 к. 139 стр.

Содержание: Основные понятия воспитания. Дошкольное воспитание по Фребелю. Фребель. Общественное дошкольное воспитание. Монтессори. Семейное дошкольное воспитание.

Фребель, Фр. Избранные сочинения. Педагогическая библиотека в изд. К. Тихомирова.

Том I. Воспитание человека. Перевод с немецкого Городецкого. М. 1906 г. Ц. 2 р.

Содержание: Жизнь Фребеля. Характеристика Фребеля. Введение. I. Грудной ребенок. II. Ребенок. III. Отрок. IV. Школа: 1. Религиозное обучение. 2. Естествоведение. 3. Знакомство с формами. 4. Язык. 5. Искусство. V. Семья и школа.

Том II. Детский сад. М. Ц. 3 р.

Содержание: Фребель. Жизнь ребенка. Мяч. Песни. Игры ребенка. Дары. Складывание из бумаги. Складывание из палочек. Страсть ребенка рисовать. Подвижные игры. Сады детей в детских садах. Детский праздник в Майнингене. Строительные песни.

Монтессори, М., д-р. Дом ребенка. Метод научной педагогики. Перевод с итальянского С. Г. Займовского, дополненный по английскому и американскому изданиям. Изд. „Задруга". М. 1913 г. Ц. 2 р. 50 к. 339 стран.

Содержание: Критические соображения. История методов. Педагогические методы, применяемые в „Домах ребенка". Как давать урок. Примерное расписание часов в „Домах ребенка". Обыденные житейские упражнения. Питание и диэта ребенка. Воспитание мускулов. Вольная гимнастика. Природа в воспитании. Ручной труд. Воспитание чувств и иллюстрация дидактических материалов. Умственное воспитание. Приемы обучения чтению и письму. Речь у детей. Обучение счету и введение в арифметику. Порядок упражнений. Общий обзор дисциплины. Выводы и впечатления.

Монтессори, М., д-р. Метод научной педагогики, применяемый к детскому воспитанию в домах ребенка. Т-во „Задруга". М. 1915 г. Цена 1 р. 50 к. 316 стр.

Тихеева, Е. И. Дома ребенка Монтессори в Риме, их теория и практика. По личным впечатлениям. Изд. автора (Петроград, 8-я Рождественская, д. 48, кв. 8). 1915 г. Ц. 50 к. 70 стр.

Фаусек, Ю. И. Месяц в Риме в „Домах Детей" Марии Монтессори. Издание Башмакова. Пгр. 1915 г. Ц. 1 р. 25 к. 189 стр.

Монтессори, М. Руководство к моему методу. Перев. Р. Ландсберг. С прибавлением статьи Р. Ландсберг „Опыт школ в Англии по методу Монтессори". С 55 рис. Изд. Горбунова-Посадова. М. 1916 г. Ц. 65 к. 63 стр.

Содержание: Дом детей. Метод. Воспитание мускулов. Воспитание чувств. Воспитание музыкального чувства. Воспитание речи и знакомство с внешним миром. Свобода. Письмо. Упражнения для развития мускульного механизма, необходимого для держания и упражнения орудием письма. Упражнения для писания алфавитных знаков. Чтение нот. Арифметика. Моральные факторы. Школа Монтессори в деревне. Школы Монтессори в Лондоне.

Сухотина, Т. Л. Мария Монтессори и новое воспитание. Изд. Горбунова-Посадова. М. 1914 г. Ц. 50 к. 68 стр.

Содержание: Часть I. Мария Монтессори. Часть II. Развитие органов восприятия. Дидактический материал. Обучение письму, чтению и счету. Как давать урок. Школы по системе Монтессори.

Стенли-Холл, Д. Педагогия детского сада. Под редакцией и с предисловием А. И. Зеленко. Издание „Задруга". М. 1914 г. Ц. 35 к. 53 стр.

Содержание: Идеальный детский сад. Значение его, как школы для руководительниц садов молодых женщин. Необходимость расширения рамок в образовательных школах.—Фребель, предвидящий идеалы настоящего времени.—Недостатки Фребеля.—Отсутствие компетентной критики.—Необходимость изучения ребенка для занятий с ним в детском саду.—Нарушение Фребелевских правил в теперешних детских садах. Необходимость введения некоторых реформ.—Почему теперь не считаются со многими ограничениями Фребеля. Опыт Берка в подвижных играх. Критика Мисс Блоу.—Детские сады в Европе.—Отношение сада к дневным яслям. Прогрессивные и консервативные школы.

Вентцель, К. Н. Теория свободного воспитания и идеальный детский сад. Кн-во „Практические знания". М. 1915 г. Ц. 1 р. 50 к. 107 стр.

Содержание: I. Общий очерк теории свободного воспитания. II. Как, согласно теории свободного воспитания, должен быть организован детский сад. III. Возражения против теории свободного воспитания и ответ на них. IV. Осуществима ли теория свободного воспитания?

Филиппов. Идеальное устройство детского сада и яслей. Изд. Сытина.

Шлегер, Л. К. Практическая работа в детском саду. Книгоиздательство „Практические знания". М. 1915 г. Ц. 1 р. 80 стр.

Содержание: Практическая работа: 1. Внешняя обстановка. 2. Физическое развитие. 3. Внутренняя жизнь. Средства. Исследование внешних чувств. Работа ребенка в детском саду: а) готовые формы из дерева, б) куклы, в) песок, г) глина, д) работы из дерева, е) бросовый материал. Постановка ручного труда. Дисциплина. Сказки и беседы. Программы. Работа в детском саду и программа.

Руководство по устройству летних деревенских очагов и яслей. Изд. Об-ва „Пом. жертвам войны".

Коллекция специальных пособий для формального развития и исследования умственно-дефективных школьников и для занятий в детских садах. Составлена персоналом санатория-школы для дефективных детей д-ра В. П. Кащенко. С 7 рис. Городская типография. М. 1913 г. Ц. 60 к. 26 стр.

Содержание. Описание пособий и правила пользования ими. Развитие представлений: длины, ширины, высоты, толщины, объема, площади, различных форм, о тупом, остром, остроконечном, глубины, прямизны, кривизны, выпуклости, вогнутости, о наклоне, направлении, местоположении, расстоянии, количестве, цвете, гладкости, шероховатости, мягкости, жесткости и т. п.

Симонович, А. С. Детский сад. Практическое руководство для детских садовниц. Издание третье, переработанное, с многочисленными рисунками работ, с играми, нотами и рассказами. Рисунки исполнены Н. Я. Симонович-Ефимовой и И. С. Ефимовым. Изд. И. Д. Сытина. М. 1907 г. Ц. 3 р. 303 стр. 178 табл.

Содержание: Предисловие.—Генрих Песталоцци — друг народа. Фридрих Фребель. Дитя. Что такое детский сад. Внутренняя организация детского сада. Распределение занятий в детском саду. Жизнь малюток в детском саду. Товарищество детей. Первые посещения детского сада. Значение садовых работ. Родиноведение. Голоса против детского сада. Петроградское Фребелевское Общество. Петроградское Общество содействия физическому развитию. Народный детский сад в деревне Тверской губернии.—Работы детского сада. Раскладывание цветных бумажек. Выкладывание лучин. Работы из гороха. Складывание бумаги. Строение. Рисование. Лепка. Плетение. Вырезание. Выкалывание. Выпиливание. Резьба по дереву. Подвижные игры. Китайские тени.—Рассказы детского сада. Сказка о козе. Улитки. Рынок. Прятки Красный шар. Игрушки. Пожар. Кролики. Сова. Липа в деревне. Пароходик. Светящаяся ива. Трус. Собака. Мишка. Береза на башне. Муравьи. Куропатки и лисицы. Точильщик—часовщик. Оса-каменщик. Скворцы. Кораблекрушение. Ручей. Киевское Общество народных детских садов.

Орлова, Р. Из дневника детского сада. М. Изд. Отдела Народного Образования Моск. Сов. Раб. Депутатов. 1918 г. Ц. 1 р. 63 стр.

Кергомар, П. Дошкольное воспитание и детские сады во Франции. (Материнские школы). Перевод (с четвертого издания) слушательниц Киевского Фребелевского института: Л. Товстоног, А. Цветковой и З. Веселкиной. Под редакцией Н. В. Чехова. Изд. И. Д. Сытина. Ц. 50 к. 208 стр.

Содержание: Часть I. Воспитание. — Материнская школа. — Ребенок. Помещение. Что такое материнская школа. Ее воспитательное значение. Совместное воспитание. Воспитание, как совокупность хороших привычек. Нравственное воспитание.

Часть II. Воспитательные средства материнской школы. Распределение детей на группы.

Часть III. Старшее отделение. Чтение. Обучение пению. Обучение рисованию. Исторические рассказы. Предметные уроки. Счет. География. Инструкции для материнских школ.

Клейн, Ф. Парижские детские сады. Перев. с франц. С. Кауфман, под редакцией и с предисл. С. Русовой. Изд. Киевского Фребелевского Об-ва. 1916 г. Ц. 1 р. 30 к. 150 стр.

Петцель, Л. О. Детские сады за границей. Пгр. Сенатская типография. 1914 г. Ц. 30 к. 74 стр.

Гартвиг, А. Ф. Ручной труд, как метод обучения и воспитания в семье и в школе. Изд. журн. „Педагогические Обозрения". М. 1912 г. Ц. 45 к. 52 стр.

Плестед, Л. Ручной труд и его место в воспитании раннего детства. Перев. с английского С. Г. Займовского, под редакцией А. И. Зеленко. Изд. Т-ва „Мир". М. 1915 г. Ц. 1 р. 50 к. 330 стр.

Содержание: Введение. Фребелевские дары и занятия. Чем занять малолеток. Складывание бумаги. Работы из картона и бумаги. Легкая работа по дереву. Вырезывание из бумаги. Рисование. Подражание первобытным ремеслам. Ручной труд в связи с историей. Ручной труд в связи с географией. Корзиночные работы. Ткачество. Формовка из глины и других пластических материалов. Гончарное ремесло. Шитье. Работы смешанного характера. Библиография.

Паппенгейм, Г. Дитя и мир. 24 темы, разработанные для детского сада и школы. Перевод с немецкого З. Веселкиной, А. Цветковой и Л. Товстоног. Издание Киевского общества Народных детских садов. Ц. 40 к. 84 стр.

Содержание: Весна. 1. Весна идет. 2. Гнездышко. 3. Семя. 4. Наше вишневое дерево. 5. Вода. 6. Наш каштан. Лето. 7. Наши куры. 8. Гусеница, куколка, бабочка. 9. Роза. 10. Наша коза. 11. Пчелы. 12. Хлеб. Осень. 13. Ветер. 14. Паук и другие насекомые. 15. Наш виноградник. 16. Колесо. 17. Лошадь. 18. Рука. Зима. 19. Снег. 20. Жизнь ремесленника. 21. Елка. 22. Родной дом. 23. Часы. 24. Наша улица.

Иорданская, Е. И. Народные детские сады. Библиотека „Народного Учителя" под редакцией Н. Е. Румянцева и О. Н. Смирнова. Издание журнала „Народный Учитель". М. 1913 г. Ц. 20 к. 47 стр.

Содержание: Значение дошкольного воспитания. Развитие детских садов и значение их, как учреждений, подготовляющих к школе. Тесная связь между детскими садами и яслями. Детские сады в деревне. Некоторые примерные беседы из книги Г. Паппенгейм „Дитя и мир". Несколько слов о материале, обстановке и распределении дня в детском саду.

Толь, Е. и Евдокимов, А. Детские сады. Изд. „Труд". Москва 1917 г. Ц. 10 к. 22 стр.

Русаневич. Проект устройства народных детских садов или летних детских приютов при начальной школе и значение их. Екатеринослав 1900 г. Ц. 20 к. 14 стр.

Арнольди, А. К. Ясли. Опыт практического руководства к устройству детских яслей. Изд. не указано. Пгр. 1902 г. Ц. 50 к. 116 стр.

Содержание: Что такое ясли. Выбор пункта для устройства яслей. Надзирательницы. Помещение. Обстановка. Прислуга. Подготовление населения. Открытие яслей. День в яслях. Питание. Игры и занятия детей.

Померанцева-Фроленко, А. М. Руководство к устройству и ведению яслей. Изд. не указано. Пгр. 1913 г. Ц. 25 к. 36 стр.

Содержание: Устройство и ведение яслей. Подготовление населения к устройству яслей. Врачебная помощь в яслях. Аптечка. Служебный персонал. Помещение для яслей. Обстановка и инвентарь яслей. Порядок дня в яслях. Кормление детей. Примерная смета.

Шингарев, А. И. Ясли-приюты для детей в деревнях во время летней рабочей поры. Изд. Комиссии по распр. гигиенич. знаний в народе. М. 1909 г. Ц. 4 к. 31 стр.

Содержание: 1. Что называется яслями-приютами. 2. Кто устраивает ясли-приюты. 3. Почему стали устраивать ясли-приюты и какая от них польза. 4. Как устраиваются ясли-приюты. 5. Почему необходимо, чтобы сами крестьяне начали устраивать ясли-приюты.

Дети—работники будущего. Первая книга Московского общества „Сетлемент". Изд. Горбунова-Посадова. М. 1908 г. Ц. 55 к. 153 стр.

Содержание: Новая общественная работа. А. Зеленко.—О районе деятельности „сетлемента". Н. Казимирова. — Дети — работники будущего. С. Шацкого.— I. Первые шаги. II. Новые порядки. III. Трудовая жизнь. IV. Начало работы в Москве. V. Клубный день. VI. Анкета. VII. Начало второго лета. VIII. Девочки. IX. Анкета. X. Дневник. XI. Колония в июле.—Итоги анкеты детских клубов „сетлемента". Н. Казимирова.

Шацкие, В. Н. и С. Т. Бодрая жизнь. Из опыта детской трудовой колонии. Кн-во „Грамотей". М. 1915 г. Ц. 1 р. 75 к. 183 стр. [1]).

Первая обывательская площадка Петербургской стороны. Лето 1909 года. Отчет по устройству и ведению „Первой обывательской детской площадки", организованной по инициативе и под ближайшим руководством учрежденной при Обществе обывателей и избирателей Петербургской части Культурно-просветительной Комиссии. Склад издания: Петербургск. ст., Каменноостр. пр., д. 32. Ц. 30 к. 80 стр.

Летние детские колонии, подвижные игры и загородные экскурсии, организованные Московским Обществом борьбы с детской смертностью в 1910 г. Изд. Общества. М. 1911 г. Ц. 15 к. 34 стр.

Летние колонии для Московских школьников за двадцатипятилетие 1888—1912 г.г. Изд. Кружка летних колоний для учащихся в Московских городских училищах. М. Ц. 75 к. 265 стр.

Деятельность Петроградского общества содействия дошкольному воспитанию детей за 1914 г. Изд. Об-ва. Пгр. 1915 г. Ц 20 к. 71 стр.

То-же за 1915 г. Изд. Об-ва. Пгр. 1916 г.

В книжки входят отчеты о летних колониях Об-ва.

Тихеева, Е. И. Летние занятия детей. Журн. „Воспитание и Обучение" за 1915 г.

---

[1]) Авторы двух приведенных выше книг делятся опытом своей работы над более старшими детьми, и, конечно, переносить все это в жизнь детей дошкольного возраста невозможно, но мы решили поместить эти труды в наш список в виду их общего педагогического значения.

Вуанья, А. Детская школа младшего возраста в духе Песталоцци — Фребеля. Руководство для воспитательниц и матерей. Перевод с французского Н. М.** под редакцией А. С.** Книжн. магаз. Н. Карбасникова. Варшава 1909 г. Ц. 75 к. 61 стр. +XVI черт.

Содержание: Предисловие. Наглядное обучение. Фребелевские образовательные средства. Материалы наглядного опыта: а) твердые тела, б) плоскости, в) линии, г) точки, д) сырой материал, е) элементарный курс рисования. Духовное развитие ребенка: а) беседа, стихи, пение, б) маршировка и гимнастические игры. Соотношение различных образовательных приемов. Обучение грамоте по звуковой методе. Дополнение.

Книжка устарела и годна только для пользования при историческом обзоре.

Бобровская, С. Сущность системы Фребеля и применение ее в некоторых детских садах Германии. Изд. „Сотрудника школ". Ц. 50 к. Издание распродано.

Фос. Практический указатель для детских садов. Издание распродано.

Дараган. Руководство для детских садовниц. Издание распродано.

Симонович. Практические заметки об индивидуальном и общественном воспитании. Издание распродано.

Водовозова. Умственное и нравственное воспитание детей. Ц. 2 р. (Книжка устарела).

Харди, Л. Дневник детского сада. Перевод с англ. под редакцией и с предисловием Н. В. Чехова. Изд. „Задруга". М. 1914 г. Ц. 30 к. 56 стр.

Бахтин, Н. Н., Дедюлина, Е. С., Новорусский, М. В., Оршанский, Л. Г. и Рахманов, В. В. В помощь семье и школе. Кн-во „Польза". Педагогическая академия в очерках и монографиях. Под редакцией проф. А. П. Нечаева. М. 1911 г. Ц. 1 р. 60 к. 240 стр.

Содержание: Детский сад и общие основы его организации. Игрушки с точки зрения этнографии, детской психологии и педагогики. Музеи и их образовательное значение. Театр и его роль в воспитании. Волшебный фонарь.

Свентицкая, М. Х. Наш детский сад. Склад издания при школе М. Х. Свентицкой — Москва, Сивцев-Вражек, д. 29. М. 1913 г. Ц. 30 к. 68 стр.

Содержание: Общие задачи и основные принципы детского сада. Организация. Помещение и обстановка. Деятельность детского сада. Физический уход за ребенком. Умственное развитие. Воспитание воли. Занятия детей. Игры. Нравственное воспитание. Эстетическое воспитание. Воспитание ценных навыков. Способы воздействия на детей. День в детском саду. Прогулки и праздники. Содействие семьи. Условия поступления. Постановления Гигиенической комиссии. Постановления Общего Собрания родителей и педагогов по вопросу о сотрудничестве семьи и школы. Книги для пользования в детском саду.

Покровская и Соловьева, Е. Детский сад. Выпуск первый. Оригинальные рисунки и обложка Т. Гиппиус. Изд. „Просвещение". Пгр. Ц. 80 к. 107 стр.

Содержание: Литературный материал, беседы, рисование, раскрашивание, вырезывание, лепка, плетение, накалывание, перегибание, игры, пение.

Вериго, Мария. Как занять детей дошкольного возраста. Беседы, игры, занятия. Со многими рисунками и чертежами в тексте и цветными таблицами. Перевел со второго польского издания Евг. Троповский. Изд. „Посев". Спб. 1912 г. Ц. 1 р. 180 стр.

Содержание: Беседы, игры, занятия.

Материал для бесед с маленькими детьми. Пособие для детских садов в 3-х выпусках. Составлено сотрудниками общества „Детский труд и отдых" под редакцией Л. К. Шлегер и С. Т. Шацкого. Кн-во „Грамотей". Москва 1913 г. Выпуск I. Ц. 35 к. 31 стр.

Содержание: Времена года. Фрукты. Овощи. Гиацинт. Приготовление игрушек.

То-же. Выпуск II. Ц. 50 к. 72 стр.

Содержание: Домашние животныя: Лошадь. Корова. Овца. Свинья. Собака. Кошка. Мышь. Дикия животныя: Волк. Лиса. Кролик. Медведь. Белка. Птицы: Курица. Утка. Голубь. Воробей. Ласточка. Птицы певчия. Ворона. Ястреб. Рыбы: Карась. Щука. Сельдь. Лягушка. Насекомыя: Бабочка-крапивница. Комнатная муха. Пчела.

Петровская, Е. И. Что мне делать, мама? В помощь матерям при выборе игр, работ и занятий с малолетними детьми. С 14-ю таблицами рисунков, нотами и отдельной таблицей работ. 2-е исправленное и дополненное издание. Склад в кн. магазинах „Нового Времени". Спб. 1897 г. Ц. 1 р. 25 к. 111 стр.

Содержание: Работы. Бумажные шаблоны. Металлические шаблоны. Тушеванье глянцевых бумажек. Полезный альбом. Подготовка к рисованию. Брызгательная живопись. Силуэты и тени. Работы из бумаги. Переплетение полос. Сгибание полос. Вырезывание из бумаги. Куколки из бумаги. Плетение ковриков. Мозаика из бумаги. Сгибание бумаги. Прокалывание и вышивание. Плетение корзиночек. Работа из карт. Работа из лучинок. Работы из спичек с горохом. Работа из бус. Работа из различных семян. Декалькомани. Приготовление картинок для волшебного фонаря. Как перепечатать картинку. Отпечатывание листьев. Раскрашивание. Постройки. Маленький искусник. Работы из лимона, апельсина и др. Отливка форм. Лепка из глины и гипса. Столярные работы.

Посещение музеев и природонаблюдение. Музеи. Превращение бабочки. Паук. Мышь. Речной рак. Колюшка. Черепаха. Ящерица. Зеленая лягушка. Наблюдения над обитателями болот. Наблюдения над растительным миром. Отрывной календарь, весы, аршин, часы.

Опыты—фокусы. Опыты со стаканами и рюмками. Опыты с монетой. Опыты с яйцом. Опыты с зеркалом. Опыты со снегом. Несгораемая бумага и ткань. Опыты с водой и вином. Опыты с призмой. Копирование. Обман зрения. Домашнее электричество. Магнит. Как разрезать стекло. Забавные игрушки. Кристаллизация. Простейший микроскоп. Мыльные пузыри. Игры.

Многое в этой книжке устарело. Можно заимствовать только некоторые работы и воспользоваться указаниями об уходе за живыми объектами наблюдения в детском саду.

Ольхин. Работы брызгами. Изд. Вольфа. Спб. 1912 г. Ц. 15 к. 21 стр.

Забронский и Нетыкса. Руководство выжигания по дереву, коже и тканям. Ц. 1 р. 75 к.

Рот. Мозаика по дереву. Ц. 30 к.

Чем заняться нашим детям? Перевод с немецкого Е. В. Гадаскиной под редакцией И. Горбунова-Посадова и с его предисловием. Библиотека нового воспитания и образования.

Книжка первая. Л. Дрешер. Дети дома—в семье. С 11 рис. Ц. 35 к. 68 стр.

Содержание: Детские открытия и помощь в доме. Наблюдения и опыты. Первые уроки истории культуры и родиноведения. Занятия в свободные часы. Праздники. Работа, как необходимое условие общественного воспитания.

Книжка вторая. Что дарит природа детям для их занятий и забав? Сост. М. Бланкерц. С 27 рис. Ц. 35 к. 76 стр.

Содержание: Вступление. Некоторые весенние и летние наблюдения. Ореховый куст в предвесеннюю пору. Вишневые цветы и пчелы. Кое-что о семени. Сосновый лес. Что можно сделать из веток и коры сосны. Домик из мха. Различные поделки из растений; наклейка засушенных растений, корзинки из ситника, вереска и т. п. Наблюдения над облаками. Осень. Зима. Коллекция древесных пород. Уход за растениями и животными. Природа и искусство. Рисование карандашом и красками. Лепка и вырезание.

Книжка третья. Детские игры и игрушки. Составил К. Цинн. С 37 рис. Ц. 40 к. 80 стр.

Содержание: Первая часть: Играющие дети. Мысли матери об играх детей. Играющие дети. Кое-что об игре руками. Игры и игрушки.—Вторая часть. Практическое руководство к собственноручному изготовлению игрушек. Введение. 1. Уголок для игры. 2. Кукольные домики из толстой бумаги. 3. Мережка. 4. Кукольные сервизы из желудей. 5. Стойка для цветов. 6. Кухня. 7. Школа для кукол. 8. Лавка. 9. Магазин детских занятий, работ и игр. 10. Конюшни. 11. Школьные ранцы для кукол. 12. Кукольные качали из деревяшек от ручек для покупок. 13. Обыкновенная кукольная кровать из деревянной коробки. 14. Купальня. 15. Комната в сказке „Белоснежка". 16. Рыночные лари. 17. Карусели. 18. Деревня из деревянных брусков. 19. Маленькие деревца из разного материала. 20. Железная дорога из деревянных брусков. 21. Железная дорога из спичечных коробок. 22. Деревня из спичечных коробок. 23. Птичий двор. 24. Фонари на палках. 25. Волан. 26. Ветряная мельница из перьев. 27. Мячи. 28. Вожжи и кнуты. 29. Настольный крокет. 30. Домино. 31. Игра из пробок. 32. Китайские тени. 33. Театр. 34. Рождественские часы.

Книжка четвертая. Детские подарки и работы. Составила Эмма Хумзер. С рисунками. Ц. 40 к. 84 стр.

Содержание: Несколько предварительных замечаний. I. Выдергивание ниток из материи и их применение; простое вязание. Работы для кукольной комнаты. II. Работы из стекляруса. III. Вышивание. IV. Плетение. V. Модели плетения корзин. Различные способы плетения стенок корзин. Борта для всех видов плетения. VI. Плетение шведскими стружками. VII. Работы из баста (лыка) или рафии.

Книжка пятая. Всевозможные занятия и забавы из бумаги, папки и картона. Составили Г. Гирке и А. Давидсон. Со множеством рисунков. Ц. 40 к. 102 стр.

Содержание: Различные работы из бумаги. 1. Складывание. А. Превращение форм путем складывания. Первый ряд. 1. Книга. 2. Носовой платок. 3. Большой платок. 4. Треуголка. 5. Лодочка с парусом. 6. Дом. 7. Открытый конверт. 8. Закрытый конверт. 9. Маленькое парусное судно. 10—12. Конверт. 13. Бумажный змей. 14. Стоячее зеркало. 15. Камбала. 16. Стол. 17. Ветряная мельница. 17а. Бумажник. 17b. Ваза. 17с. Пароход. 17d. Петушок. 18. Двойная лодка. 19. Лодка с ящиком. 20. Ящик. 21. Рама. 22. Стоячее зеркало.

23. Гондола. Второй ряд. 24. Книга. 25. Шкаф. 26. Окно со ставнями. 27. Чашка. 28. Дом с террасой. 29. Диван. 30. Корыто. 31. Угловая полка. 32. Свинка.

B. Отдельно сложенные фигуры. 1. Деревня. 2. Змей. 3. Летающая стрелка. 4. Пакетик. 5. Письмецо. 6. Портмонэ. 7. Лодка. 8. Продолговатый ящик. 9. Шапка треуголка. 10. Сумочка. 11. Лодка. 12. Пенал. 13. Папки для писем. 14. Хлопушка. 15. Двойная хлопушка. 16. Пароход. 17. Ящик с крышкой. 18. Кораблик. 19. Шкаф. 20. Пасть кита. 21. Стол. 22. Столик для цветов. 23. Коляска для каруселей. 24. Кровать (диван). 25. Лестница. 26. Мехи. 27. Мяч. 28. Аист. 29. Лягушка. 30. Корзиночка. 31. Ветряная мельница. 32. Закрытый ящик. 33. Обыкновенная мебель. 34. Самоуправляющийся воздушный корабль Цеппелин.

C. Складывание звезд. а) Звезды, основная форма — письмецо. б) Звезды из перевернутой основной формы.

D. Складывание геометрических фигур. 1. Квадрат. 2. Прямоугольник. 3. Ромб. 4. Ромбоид. 5. Трапеция. 6. Трапезоид. 7. Равнобедренн. прямоугольный треугольник. 8. Разносторонн. прямоугольный треугольник. 9. Тупоугольный равнобедренный и остроугольный треугольники. 10. Равносторонний треугольник.

II. Вырезание. Указания к вырезанию живых форм, куклы. Торговка. Дети. Ель. Сани. Альбомы. Рецепт клейстера. Деревня из открытых писем. Деревья. Ветряная мельница. Книжка для записывания белья. Собственноручно изготовленные фризы для детской. Изготовления игр. Модель дома. Кровать с балдахином. Полка. Стенные часы. Плясуны. Силуэты. Китайские тени. Изготовление других подвижных фигур для театра. Звезды. Отрезы. Вырезы. Складные картинки. Орнаменты. Фонари. Бумажный змей. „Воронка, впрыгни!"

Гирке, Г. и Давидсон, А. Детская жизнь в труде и забавах. Краткие руководства для матерей и воспитателей.

Работы из бумаги. Перев. с немецкого Н. А. Кирпичниковой. С рисунками. Отдел содействия устройству детских садов и яслей среди рабочего населения при Московском Отделении Имп. Русского Технического Об-ва. Изд. Сытина. Москва 1913 г. Ц. 40 к. 95 стр. + VII табл.

Содержание: То же, что и в предыдущей книге.

Махаев, Ф. Н. Работы из сучьев. Практическое руководство с описанием важнейших инструментов и основных приемов работ ими. Издание „Посева". Спб. 1911 г. Ц. 30 к. 48 стр.

Вышивание по картону. Изд. Киевского Общества Народных Детских садов. Ц. 15 к.

Том Тит. Для забавы. Наша маленькая игрушечная фабрика. Текст и рисунки в красках. Перевод М. А. Лазаревой. Изд. И. Д. Сытина. Ц. 75 к. 47 стр.

Содержание: Наша игрушечная фабрика. Наши инструменты. Материал для работ: пробки, апельсины, тростник, орехи, косточки, игральные карты, солома, дынные семячки, скорлупа орехов, жолуди, визитные карточки, каштаны, раковины.

Фон-Берг и Трушковская. Сборник занятий для детей. Изд. И. Д. Сытина. Москва 1909 г. Ц. 75 к. 58 стр.

Содержание: 1. Папка со спичками. 2. Дерево со спичками.

Касаткин, Н. В. Ручной труд из бумаги и папки. Изд. Сытина. М. 1909 г. Ц. 20 к. 24 стр.

Короткова, Е. Как плести из тесьмы, рафии и стружек, веревок; работы из ниток и бисера. Изд. Горбунова-Посадова. Ц. 20 к. 31 стр.

Алтаев, А. Сделайте сами. (Пособие для детского сада). Изд. журн. „Игрушечка". Ц. 60 к. 123 стр.

Тромгольт, С. Игры со спичками. Задачи и развлечения. Перевод с немецкого. Изд. „Матезис". Одесса 1907 г. Ц. 50 к. 146 стр.

Для детского сада можно заимствовать некоторые образцы выкладывания фигур из спичек.

Групе, М. Новое рукоделие. Книга для школы и семьи. Выпуск первый. 1. Значение и задачи нового рукоделия. 2. Работы для маленьких. 3. Различные отрасли рукоделия. Со многими рисунками работ. С немецкого Н. Оеттли. Изд. Посредника. М. 1902 г. Ц. 50 к. 80 стр.

Содержание: I. Значение и задача нового рукоделия. II. Работы, являющиеся продолжением занятий, которые велись в детском саду: 1. Плетение: вплетание полосок, плетение из сукна, плетение из клеенки, продергивание ниток, плетение из тесемок или ленточек, плетение из ниток, работы из стружек, работы из рафии, плетение корзин. 2. Выдергивание ниток и завязывание. 3. Вышивание. 4. Работы из бисера. 5. Вырезывание и нашивание. III. Различные отрасли рукоделия.

Соломин, Е. Праздничные занятия и развлечения. С 54 рисунками в тексте и с приложением фигур для вырезывания и наклеивания на картон для китайских теней. Изд. Посредника. М. 1912 г. Ц. 25 к. 20 стр.

Содержание: Украшения из бумаги. Волшебные представления. Шутки. Китайские тени.

Аменицкий, Н., Шиман, Е. и Шукайло, К. Что можно сделать из листа бумаги. С 84 рисунками. Научно-забавная библиотека для семьи и школы (25 книжек). Под ред. препод. Моск. гимн. Ник. Аменицкого. Выпуск IV-й. Изд. А. С. Панафидиной. М. 1912 г. Ц. 20 к. 55 стр.

Содержание: Игрушки из бумаги. Бумажные кольца. Бумажная лестница. Плетение из бумаги. Превращение куска бумаги. Бумажная звезда. Вертящаяся звезда. Бумажные модели геометрических тел. Птица из бумаги.

Ручной труд для детей дошкольного возраста. Пособие для детских садов. Серия 1-я. Рисунки для прокалывания, вышивания и раскрашивания. Дача и окружающие ее предметы. Изд. „Худ.-Пед. Журн.". Спб. 1911 г. Ц. 20 к. 8 стр.

Александров, П. Детские полезные ремесла. Изд. И. П. Рапгоф. Спб. 1905 г. Ц. 20 к. 46 стр.

Содержание: Работы из стружек и бересты. Искусственные цветы. Выжигание и рисование по дереву. Работы из палочек. Работы из гипса. Работы из папье-маше. Декалькомани.

Дюмон и Филиппон. Начала ручного труда. Для руководства матерей и первых наставников. Изд. Н-а. М. 1897 г. 6 тетрадей по 40 к. и 1 тетр. 50 к.

Содержание: Построения. Наклеивание. Работы из лучинок и спичек. Работы из проволоки. Складывание и вырезывание из бумаги. Тканье из бумажных полосок. Трафаретное вырезывание из картона и бумаги. Работы из картона и бумаги.

Лубенец, Н. Постройки из кубиков и кирпичиков. Фребелевские занятия. Издание Киевского общества народных детских садов. Киев 1908 г. Ц. 50 к. 15 табл.

Содержание: I. Постройки из кубиков. II. Постройки из кирпичиков. III. Постройки из кубиков и кирпичиков. IV. Постройки из целых и раздельных кубиков и кирпичиков.

Лубенец, Н. Выкладывание палочек. Фребелевские занятия. 5 таблиц. Издание Киевского общества народных детских садов. Киев 1908 г. Ц. 25 к.

Лубенец, Н. Переплетание лучин. Фребелевские занятия. 8 таблиц. Издание Киевского общества народных детских садов. Киев 1908 г. Ц. 25 к.

Бумажное искусство. Изд. „Песталоцци". 3 тетради с образцами для вырезывания. Цена каждой 85 к.

Фаусек, Ю. И. Бумажное царство. Вырезывание из цветной бумаги, как пособие при ведении „предметных уроков". Выпуск I. Изд. Я. Башмакова. Спб. 1912 г. Цена альбома и текста вместе 2 руб. 31 стр. 12 табл.

Анельман. Вырезывание из цветной бумаги. Изд. Ольгинской трудовой школы. Ц. 3 р.

Короткова, Е. Как вырезать из цветной бумаги. Рисунки-образцы для вырезывания и наклеивания. Изд. Посредника. Ц. 25 к. 32 стр.

Гирис-Зимина, О. Б., Фортунатова, Е. Я. и Шлегер, Л. К. Давайте вырезать и наклеивать. 2 вып. по 16 картин в каждом. Изд. Посредника. Ц. 75 к. за выпуск.

Вырезание из бумаги. Изд. Киевского общества народных детских садов. Ц. 50 к.

Дедюлина, Е. С. Систем. курс ручного труда. В. I. Вырезывание из цветн. бумаги. Изд. Темномерова. Ц. 1 р. 50 к.

Кон Брайэнт, Сара. Как и что рассказывать детям. Перев. с англ. Н. Н. Бахтина. 2-е изд. Пгр 1917 г. Ц. 4 р. 50 к.

Рисование.

Рисование на начальной ступени обучения в связи с лепкой и черчением. Пособие для воспитателей и преподавателей. Составлено группою Петрогр. учителей рисования (В. И. Бейер, А. К. Воскресенский, К. М. Лепилов и др.). Изд. ред. „Художеств.-Педаг. Журнала". Ц. 85 к. 144 стр.

Содержание: Объяснительная записка к курсу начального рисования, черчения и лепки. Примерная программа начального обучения рисованию, черчению и лепке. Рисование по желанию детей. Упражнения для развития свободных движений рук и пальцев. Иллюстративное рисование. Рисование по представлению. Рисование с натуры. Составление украшений. Технические приемы работы кистью. Лепка. Развертывание поверхностей и проекционные наброски. Рассматривание картин. Материалы и принадлежности для преподавания рисования, черчения и лепки. Литература по преподаванию рисования, лепки и черчения.

Аугсбург, Ж., проф. Новая школа рисования. Книга первая. Рисование для детей младшего и среднего возраста. С английского перевела Н. И. Живаго. С 218 рисунками. 2-е изд. И. Горбунова-Посадова. М. 1912 г. Ц. 70 к. 160 стр.

Содержание: Введение. Основные положения. Понятие и представление. Понятие и его выражение. Геометрические тела. Техника. Карандаш и акварельные краски. Копирование, рисование с оригинала. Рисовать надо быстро. Рисование на классной доске. Упражнение руки. Методы. Как надо держать карандаш. Резинка. Учение для ребенка, а не ребенок для учения. Рисование в течение первых лет обучения.—Глава I. Рисование по памяти и от себя. Задачи для рисования по памяти. Рисование от себя. Иллюстрирование рассказов и стихов.—Глава II. Движение. Фигуры в движении. Направление линий. Как учить рисовать движение. Как пользоваться подражательным рисованием при обучении рисованию движений. Рисование по памяти и от себя. Непосредственные наблюдения. Задачи для рисования движений. Движения животных.—Глава III. Рисование обеими руками. Как удобнее вести класс рисования обеими руками. Упражнения.—Глава IV. Пропорции, относительная величина и положение предметов. Каким материалом пользоваться. Натура и рисунок. Общие положения. Приемы обучения. Величина предметов. Размещение предметов. Вымысел. Упражнения.—Глава V. Деревья. Рисование на классной доске. Как размещать деревья на рисунке. Упражнения. Элемент автоматичности в работе. Законы перспективы. — Глава VI. Относительная величина предметов, пропорций. Упражнения. — Глава VII. Ознакомление с наиболее нужными геометрическими фигурами. Рисование мелом. Упражнения.— Глава VIII. Соблюдение единства. Приемы обучения. Геометрические фигуры. Применение знания геометрических фигур. Упражнения. — Глава IX. Первоначальное рисование с натуры. Модель. Копирование или подражательное рисование. Обучение рисованию. Первые шаги. Интерес детей к форме. Вымысел. Предметы, непригодные в качестве натуры. Хорошие модели. Мелкие предметы, которые удобно держать в левой руке, рисуя правой. Нельзя нарисовать все. Постоянно пользуйтесь натурой. Рисование по памяти. Крупные модели. Линия. Ударение. Составление коллекций. Упражнения. — Глава X. Наброски. Уменье рисовать быстро. Мысль, понятие. Намек. Понятие и его выражение. Упражнения. — Глава XI. Птицы. Характер. Изучение формы. Общие указания. Упражнения.—Глава XII. Как рисовать животных. Подражательное рисование. Живая натура. План работы. Материал. Упражнения.—Глава XIII. Цвета. Название цветов. Теплые и холодные цвета. Хранение цветного материала. Как знакомить детей с цветами. Упражнения.—Глава XIV. Кисти и краски. Упражнения.—Глава XV. Акварель. Кое-что об акварельных красках. Краски. Первый урок. Подходящие модели. Упражнения.

Пранг. Элементарный курс преподавания искусства в начальных школах, детских садах и детям дошкольного возраста. Руководство для учащих. Сост. М. Гикс. Т. I и II. Полный перевод с американского издания под редакцией А. Н. Смирнова. Изд. редакции „Худож.-Пед. Журн.". Спб. 1911 г. Ц. 1 р. 258 стр.

С о д е р ж а н и е: Общий план обучения. Предварительные упражнения. О цвете. Изучение формы. Складывание построек и украшений. Лепка из глины. Рисование иллюстративное и по воображению. Рисование красками. Изучение красок. Огибание бумаги. Наблюдение и рисование. Дни картин. Вышивание. Программа и распределение занятий для первого и второго года обучения.

Ягужинский. Контурное рисование. Изд. Ступина. Ц. 40 к.

Мейман, Э. Как учить детей рисовать. Экспер.-психол. основы преподавания рисования. Ц. 25 к.

Кершенштейнер, Г., д-р. Развитие художественного творчества ребенка. Пер. с нем. и редакция С. А. Левитана. Со множеством оригинальных рисунков детей от 4-х до 14-ти лет и взрослых дикарей, а также слабоумных. Изд. И. Д. Сытина. М. 1914 г. Ц. 2 р. 50 к. 215 стр.

С о д е р ж а н и е: Часть I. Происхождение и метод настоящего исследования.—Часть II. Развитие способности рисования помимо систематического внешнего влияния. Изображение человека. Изображение животного. Изображение растения.—Часть III. Изображение зданий и продуктов промышленности. Изображение пространства. Ребенок и орнамент.—Часть IV. Развитие способности рисования под влиянием преподавания: роль преподавания рисования в общеобразовательных школах. Физиологические и психологические условия процесса рисования. Некоторые требования искусства. Художественное творчество и дарования ребенка. Практические проекты реформы преподавания рисования. Общие и педагогические заключительные выводы.

Лепка.

Лепилов, К. Лепка в семье и школе. Пособие для воспитателей и преподавателей, иллюстрированное снимками с ученических работ. Изд. авт. Спб. 1912 г. Ц. 1 р. 20 к. 32 стр.+XXIV табл.

С о д е р ж а н и е: Значение лепки. О материалах. Лепка в дошкольном возрасте. Лепка в общеобразовательной школе.

Игры.

Лесгафт, П. Ф. Руководство по физическому образованию детей. II ч. Изд. Петербургской Биологической лаборатории. Петербург 1909 г. Ц. 2 р.

Герд, И. Я. Сборник игр и полезных занятий для детей всех возрастов, с предисловием для родителей и воспитателей. 5 издание „Шиповника" Спб. 1912 г. Ц. 2 р. 320 стр.

Филитис, Н. С. Подвижные игры дома и в школе. Изд. Сытина. М. 1910 г. Ц. 15 к. 96 стр.

Уэльс, Г. Игры на полу. С рисунками Д. Синклера. Перев. с англ. С. Г. Займовского. Изд. „Задруга". М. Ц. 1 р. 25 к. 82 стр.

Горбунова, Е. Подвижные игры в комнате и на открытом воздухе. С рисунками. Изд. Посредника. М. 1910 г. Ц. 18 к. 32 стр.

Шульце, Л. А. Игры с буквами. Перев. с англ. под ред. Н. В. Чехова. Изд. „Задруга". М. 1914 г. Ц. 35 к. 44 стр. [1]).

Сборники детских песен [2]).

1. Оленька-певунья. 12 песен. Муз. Бекман. Собств. авторов. Ц. 1 р.

2. Верочкины песенки. 10 песен. Муз. Бекман. Собств. авторов. Ц. 75 к.

3. Соловушки. 100 песен. Сост. В. Софронов. Часть I. Изд. Циммермана. Ц. 1 р.

4. Жаворонок. 20 песен. Сост. О. Казаринова. Изд. Циммермана. Ц. 1 р.

5. 48 детских песен для младшего возраста, употребляемых в детских садах. Изд. Минквиц. Ц. 1 р. 20 к.

---

[1]) Мы относимся к подобным играм с буквами отрицательно, считая всякое предварительное ознакомление с названиями букв, без всякой связи с усвоением основ чтения, вредным.

[2]) Мы даем, по возможности, полный список сборников детских песен; в виду разнообразных требований и запросов лиц, руководящих музыкальным образованием детей, а также исходя из того, что ни один из них не может быть использован в детском саду целиком. Наиболее распространенные сборники: Ибановского, ...невской, Вранского, Бекман, Потоловского.

6. Незабудки. Музыка Пергамента. Маг. „Лира". Ц. 1 р.

7. 5 детских песен. С. Панченко. Изд. Юргенсона. Ц. 60 к.

8. Любимые сказки. А. Богаевской. Изд. Юргенсона. Ц. 1 р.

9. Мамины песенки. Ее-же. Изд. Юргенсона. Ц. 1 р.

10. 8 детских песен. Муз. Панченко. Изд. Юргенсона. Ц. 1 р.

11. 25 песен. Ребикова. Изд. Юргенсона. Ц. 60 к.

12. Детские песни. Чеснокова. Изд. Юргенсона. Ц. 1 р.

13. Для наших малюток. Богаевской. Изд. Юргенсона. Ц. 50 к.

14. Веселая азбука. Богаевской. Собств. автора. Ц. 1 р.

15. Свирель. Муз. Кюнера. Изд. Юргенсона. Ц. 1 р.

16. Ай-ду-ду. 6 детских песен. Гречанинова. Изд. Гутхейль. Ц. 1 р.

17. Радость детей. Сборник любимых детских песен и шуток. Ружицкого, В. С. Часть I. 50 песен для детей от 3-х до 7 лет. Изд. Леопас. Ц. 75 к.

18. 14 детских песен. Муз. Елизарова. Изд. Юргенсона. Ц. 30 к.

19. 2-е собрание легких песенок. Муз. Постниковой. Изд. Юргенсона. Ц. 1 р.

20. 25 детских песен. Н. Потоловского. Изд. Юргенсона. Ц. 75 к.

21. 14 детских песен. Клоковой. Ц. 50 к.

22. Детские песни под редакцией Чайковского.

23. 4 детских песни. С. Панченко. Изд. Юргенсона. Ц. 70 к.

24. 12 песен. Покровского.

25. Гусельки. 128 колыбельных, детских и народных песен и прибауток. Сост. Вессель и Альбрехт. Изд. Юргенсона. Ц. 1 р.

26. Бубенчики. 50 легких детских песен и игр. Сост. Н. Артемьев. Изд. Давингоф. Ц. 1 р.

27. Детская жизнь. Сборн. подв. игр и песен для детск. сада, школы и семьи. А. Б. Бреговской. Изд. М. С. Вольфа. Ц. 2 р. 15 к.

28. Звездочки. 20 песен для детей. Сост. А. Астори. Изд. Давингоф. Ц. 1 р.

29. Подснежник. Сборн. детск. песен и игр. Сост. О. Казаринова. Изд. Давингоф. Ц. 1 р.

30. Сад-садочек. 50 детских песен. Сост. Ф. О. Лашек. Изд. Селиверстова. Ц. 1 р.

31. Цветочки. 100 детских песен. Две тетради. Изд. Селиверстова. Ц. по 1 руб. за тетрадь.

32. 10 детских песен, приспособленных к подвижным играм. Мамонтовой и Соловьевой. Изд. „Детского Воспитания". М. 1899 г.

33. Песни к подвижным играм детского сада. Е. А. Вертер. Изд. А. Битнер. Ц. 75 к.

34. Игры и песни для семьи и школы. Сост. В. Н. Любимов. Изд. Циммермана. Ц. 1 р. 50 к.

35. В час досуга. Сост. Логинова и Рыбаков. Собств. авторов. Ц. 1 р. 30 к.

36. 100 детских песен. Н. Ладухина. Изд. Юргенсона. Ц. 1 р.

37. Друг детей. Сост. Н. Ерошенко. Изд. Юргенсона. Ц. 50 к.

38. 10 детских песен. Сост. С. Зайцева. Изд. Юргенсона. Ц. 75 к.

39. Родные звуки. Сост. Витоль. Изд. Зихмана. Ц. 20 к.

40. Певец. Сост. Витоль. Изд. Зихмана. Ц. 30 к.

41. Малым ребятам. Я. Акименко. Изд. Юргенсона. Ц. 60 к.

42. Нянины сказки. 50 детских песен. Муз. В. С. Ружицкого. Изд. В. Бессель. Ц. 1 р.

43. 10 детских песен. К. Рейнеке. Изд. Иогансона. Ц. 75 к.

44. Сборник детских песен с подвижн. играми. Н. Доломановой. Скл. изд. Т-ва Некрасова. Ц. 1 р.

45. Одноголосные детские песни и подвижные игры. Собр. Водовозовой. Муз. Рубца. Спб. 1905 г. Ц. 1 р.

46. 77 школьных песен. Сост. Попов.

47. Золотые колосья. 50 детских песен. Составил Н. Артемьев. Изд. Давингоф. Ц. 1 р.

48. Школьное пение. А. Дзбановского. Изд. Юргенсона. 10 вып. по 40 к.

49. Сборник песен для детей. Брянского. Издание Юргенсона. Ц. 1 р.

50. 47 школьных песен. Рубца. Изд. Юргенсона. Ц. 1 р.

51. Песни для школы. Маренич, Г. Изд. Юргенсона. Ц. 80 к.

52. Серенький козлик. Сборник любимых детских песен. Сост. под редакцией С. С. Волковой. Изд. Девриена. Ц. 3 р. 50 к.

53. Солнышко. 15 детских песен. Е. Чикиной. Изд. Юргенсона. Ц. 1 р.

54. Детское веселье. Ходоровского. Изд. Юргенсона. Ц. 75 к.

55. Галины песенки. Сост. Чесноков. Изд. Юргенсона. Ц. 1 р.

56. Детские забавы. Полякова.

57. Детский мирок. Н. Тивольского. Изд. Иогансона. Ц. 1 р. 30 к.

58. 35 детских песен. Шрейнер, И. Р. Изд. Юргенсона. Ц. 75 к.

59. 12 песен для детей. Самсонова. Ц. 1 р.

60. Песенки. Сост. Ребиков. Изд. Юргенсона. Ц. 1 р.

61. 20 новых детских песенок. Сост. Балабанова.

62. Маленькие артисты. Сборн. сцен, игр и песен для живых картин. Муз. Л. Ф. Энгеля. Изд. Юргенсона. Ц. 1 р.

63. Колосья. Сборн. песен для детей. Сост. И. И. Рачинский. Изд. журн. „Красные зори". Ц. 1 р.

64. Золотые колосья. Сборн. песен для детей всех возрастов. Сост. А. Маслов и Б. Подгорецкий. Изд. Циммермана. Ц. 1 р.

65. Песни детства. Мелодии А. Чертковой. Изд. Юргенсона. Вып. I. Ц. 40 к. Вып. II. Ц. 40 к.

66. С утренней зарею. Сост. И. Соколов. Изд. Юргенсона. Ц. 20 к.

67. Сборник песен и игр с пением. Залесской. Ц. 70 к.

68. Песни к подвижным играм детского сада. Вертер. Ц. 75 к.

69. Детский мир. Ребикова. Изд. Юргенсона. Ц. 1 р. 50 к.

70. Вербочки. Потоловского. Изд. Юргенсона.

71. Певуньи птички. Сборн. песен и игр для детей от 4 до 8 лет. Изд. М. Вольфа. Ц. 2 р. 25 к.

72. 25 детских песен. Потоловского. Изд. Юргенсона.

73. Песенки Ребикова. Изд. Юргенсона. Ц. 1 р.

74. 6 детских песен на народн. слова. Тезаровского.

В исполнении взрослых:

Песни для детей. Аренского. Мендельсона.

17 детских песен. Кюи.

Еще 17 детских песен. Кюи.

Снежинки. Гречанинова.

Сборник песен М. И. Глинки. Сост. Н. И. Доломанова.

Песни для детей. Чайковского.

Детская. Мусоргского.

Сборник песен. К. М. Вебера и Р. Шумана. Сост. Н. И. Доломанова.

Сборник детских песен. Каратыгина.

Шесть детских песен на народные слова. Ядова, А. К.

16 песен для детей старшего возраста. Чайковского.

Подснежник. Б. Сокольского.

Песни детства. Чертковой.

Ай, ду-ду. Гречанинова.

Сборник песен, изд. Рус. Этногр. Об-вом.

Детский альбом. Чайковского.

Развитие языка. Грамота. Счет.

Ушинский, К. Д. Родное Слово. Статья. Собр. педаг. сочинений. Том I.

Тихеева, Е. И. Родная речь и пути к ее развитию. Изд. Н. Фену и К°. Спб. 1913 г. Ц. 60 к. 129 стр.

Содержание: Роль семьи в деле развития языка детей. Детский сад. Влияние обучения иностранным языкам на родной. Родной язык в школе. Рассказ. Беседы. Картины. Описание. Характеристики. Сравнение. Экскурсии. Рефераты. Работа по стихотворениям. Письма. Словарь детей. Роль и значение литературно-художественного произведения на уроках родного языка. Исправление ошибок речи. Ребенок, как публичный чтец. Несколько слов об обучении грамматике. О стиле.

Зеленко, Л. Методы работ в начальной школе Северной Америки и Западной Европы в применении к русской начальной школе. Изд. Сытина. М. 1909 г. Ц. 40 к. 44 стр.

Содержание: Начальная школа в Америке и Западной Европе. Разработка новейших методов школьного дела для русской школы. Детский сад. Программа младшей группы (4—5 лет). Программа занятий средней и старшей группы (5—7 лет). Психологические испытания при школе. Начальная школа. Родной язык. Разговорная работа. Арифметика. Рисование. Ручной труд.

Е. Тихеева и М. Морозова. Способ естественного усвоения детьми грамоты. Руководство для детских садов, элементарных школ и семьи. Москва. Изд. Ком. Нар. Прос.

Тихеева, Е. и Морозова, М. Таблицы к брошюре: „Способ естественного усвоения детьми грамоты". Изд. Дошк. Отд. Ком. Нар. Прос.

Соловьева, Е. Е., Тихеевы, Е. И. и Л. И. Русская грамота. Азбука. Система американской школы. 3-е издание. Н. Фену и К°. Спб. 1913 г. Ц. 25 к.

То-же. Роскошное издание И. Д. Сытина. Ц. 1 р. 10 к.

Их-же. Методические указания к азбуке „Русская грамота", составленной по системе американской школы. Изд. Н. Фену и К°. Спб. 1910 г. Ц. 15 к.

Кемниц, С. Л. Математика в детском саду. Беседы и занятия с детьми дошкольного возраста. Обработана членами отдела дошкольного воспитания Московского Педагогического кружка. Под редакцией Н. В. Чехова. С приложением 43 табл. Изд. И. Д. Сытина. Москва 1912 г. Ц. 75 к. 80 стр. + 43 табл.

Глаголева, Л. В. Преподавание арифметики лабораторным методом. Изд. Н. Фену и К⁰. Спб. 1910 г. Ц. 40 к.

М. Морозова и Е. Тихеева. Счет в жизни маленьких детей. Изд. Музея „Дошкольная жизнь ребенка". Пгр. 1919 г.

Отчеты.

Выставка „Детский труд". Апрель—май 1910 г. Изд. Киевского общества народных детских садов. Киев 1911 г. Ц. 40 к. 79 стр.

Содержание: Отчет о выставке „Детский труд". Обзор отделов выставки. Экспонаты.

Народный детский сад. С приложением отчета о деятельности детского сада, приюта и школы нянь Киевского общества народных детских садов за 1906 г. Киев 1908 г. Ц. 35 к. 95 стр.

Содержание: К открытию общества народных детских садов в г. Киеве. Н. Лубенец.—Народные детские сады, как историческая необходимость. Э. Яновская.—О значении воспитания органов внешних чувств. Н. Патканова.—План бесед предметных уроков и занятий в народном детском саду в течение года.—Предметные уроки в детском саду. М. Зинченко. — Детские сады в Цюрихе. Н. Лубенец. — Отчет о народном детском саде. Н. Лубенец.—Отчет по приюту. М. Зинченко.— Отчет о школе нянь за 1906 год. Н. Полевая.—Медицинский отчет. Е. Кирилова. — Денежный отчет народного детского сада, приюта и школы нянь за 1906 год.—Протокол ревизионной комиссии. — Список членов общества.—Денежные пожертвования на елку.—Пожертвования на елку вещами.

Отчет о деятельности Киевского общества народных детских садов за 1906 г. Изд. Киевского общества детских садов. Киев 1909 г. Ц. 35 к. 86 стр.

Содержание: I. Отчет о деятельности общества. Выставка „Дошкольное воспитание". Н. Лубенец.—Временный приют для детей родителей, пострадавших от наводнения. А. Дараган. — Народный детский сад. Н. Лубенец.—Школа нянь. П. Ерешева.—Отчет кассы общества. Казначея В. Уляницкого.—Отчет кассы по выставке „Дошкольное воспитание". В. Уляницкого. — Денежный отчет народного детского сада.—Денежный отчет школы нянь.—Денежный отчет по приюту.— Протокол ревизионной комиссии.—II. Приложения. Правила о воспитательно-образовательных заведениях для малолетних (выработаны группой членов Государственной Думы).—Проект положения о детских садах, выработанный Киевским обществом народных детских садов и препровожденный в подкомиссию Государственной Думы по начальному образованию.—Об учебно-воспитательных учреждениях для детей дошкольного возраста (детских садах).—Урок-игра в детском саду, его общественно-педагогическое значение (доклад члена общества Ц. Балталона).—Выставка „Дошкольное воспитание" А. Левицкого.—Физические упражнения детей до 10 лет (доклад А. К. Анохина).—Примерная программа занятий в детском саду. Н. Лубенец.—Список членов Киевского общества народных детских садов.—Денежные пожертвования на елку.—Пожертвования вещами.

Отчет о деятельности Киевского общества народных детских садов за 1907 г. 36 стр.

Содержание: Организация Киевского общества народных детских садов.—Записка в Министерство Народного Просвещения. Заключения педагогов и врачей. Социальные условия воспитания. Задача народных детских садов. Распространенность детских садов. Положение вопроса в России. Злоупотребление детскими садами. О подготовке к воспитательской деятельности в детских садах.—Народный детский сад.—Инструкция для народных детских садов.—К вопросу об образовании садовниц.—Приют.—Школа нянь.—Протокол ревизионной комиссии.—Список членов Киевского общества народных детских садов к 1 января 1908 г.

Отчет о деятельности Киевского общества народных детских садов за 1908 г., с программой занятий в детском саду. Киев 1909 г. Ц. 35 к.

Отчет Киевского общества народных детских садов за 1909 г. Киев 1910 г. 44 стр.

Содержание: Отчет о деятельности общества.—Народный детский сад. О. А. Левешко.—Школа нянь. П. Еремеева.—Комиссия по обмундированию детей. П. Орлова.—Отчет о посещении яслей в Киевской губернии, устроенных земством летом. Н. Лубенец.—Отчет кассы Киевского общества народных детских садов. В. Уляницкий.—Денежный отчет народного детского сада.—Денежный отчет школы нянь.—Отчет казначея Киевского общества народных детских садов по магазину „Дошкольное воспитание" с 30 ноября 1908 года по 1 января 1910 г. В. Уляницкий.—Протокол ревизионной комиссии.—Отчет по осмотру и лечению зубов детей народного детского сада. Ник. Березницкий.—Список членов общества к 1-му января 1910 г.—Денежные пожертвования на елку.

Отчет Киевского общества народных детских садов за 1913 г. Киев 1914 г. 54 стр.

Содержание: Отчет о деятельности об-ва. 1-й народный детский сад. 2-й народный детский сад. 3-й народный детский сад. Школа нянь-фребеличек. Журнал „Дошкольное Воспитание". Денежный отчет.

Бесплатный Народный детский сад и Сельско-хозяйственный приют, учреждены Е. Калачевой. Спб. 1903 г. 31 стр.

Кружок совместного воспитания и образования детей в Москве (1907—1912 г.г.). Типогр. Моск. Гор. Арнольдо-Третьяковск. уч. глухонемых. Москва 1912 г. Ц. 20 к. 26 стр.

Отчет Союза обществ попечения об учащихся детях г. Москвы с 1 мая 1914 г. по 1 января 1916 г. Москва 1916 г. 72 стр. (Площадки, очаги).

Отчет Одесского общества „Заботы о детях" за 1913 и 1914 г.г. Изд. об-ва. Одесса 1915 г. 64 стр.

Отчеты по деятельности С.-Петербургского общества содействия дошкольному воспитанию детей за 1911 и 1912 г.г. помещены в Сборниках об-ва „Вопросы дошкольного воспитания", вып. I и II.

То-же за 1913 г. Изд. об-ва. Пгр. 1914 г. Ц. 10 к.

Деятельность Петроградского общества содействия дошкольному воспитанию детей за 1914 г. Изд. об-ва. Петроград 1915 г. Ц. 20 к. 71 стр.

Журналы[*]).

„Дошкольное Воспитание". Журнал для матерей и воспитательниц. Издание Киевского общества народных детских садов. Редактор Н. Д. Лубенец. Журнал выходит 9 раз в год. Подписная цена 2 р. 50 к. в год; на ½ года— 1 р. 50 к. Адрес редакции: Киев, Стрелецкая, 4, кв. 3.

Программа журнала. 1) Пропаганда идей дошкольного воспитания, особенно народных детских садов, и сближение последних со школой, 2) психология детства и экспериментальная педагогика, 3) теория и практика детского сада: образцы уроков, бесед, игр, работ, песен и т. п., 4) гигиена детского возраста и физическое воспитание детей, 5) критика и библиография. Обзор русских и иностранных журналов, 6) педагогическая хроника, 7) письма в редакцию.

„Воспитание и Обучение". Орган семейного воспитания. Издательница Е. Альмединген. Редакторы Н. и Т. Альмединген. Журнал выходит 12 раз в год. Подписная цена: 1 руб. в год. Адрес редакции: Петроград, Таврическая, д. 37.

[*]) Сведения 1917 г.

Программа журнала: Статьи по физич., умств., нравственному воспитанию и обучению детей. Биологическое и психологическое изучение ребенка. Наблюдения в семье. Занятия с детьми в семье. Обществ. воспитание. Педагогическая хроника. Рефераты книг по вопросам новейшей педагогики. Библиография.

„Свободное Воспитание". Орган реформы школьного и семейного воспитания и образования. Издатель А. Н. Коншин. Редактор И. Горбунов-Посадов. Журнал выходит 12 раз в год. Подписная цена 3 р. в год; на ¹/₂ года 1 р. 50 к. Для сельских учителей 2 р.; на ¹/₂ года 1 р. Адрес ред.: Моск., Девичье поле, Трубецкой пер., д. 8.

Программа журнала: 1) Статьи по вопросам умственного, нравственного, физического, школьного и семейного воспитания, образования и самообразования. 2) Статьи о семейной, школьной и общественной жизни с точки зрения интересов воспитания и образования. 3) Статьи о материнстве и воспитании ребенка в первые годы жизни. 4) Статьи и очерки по вопросам защиты детей от жестокости и эксплоатации. 5) Статьи о свободнообразовательных начинаниях. 6) Статьи и очерки по ручному труду. 7) Очерки и статьи по природоведению, устройству экскурсий и т. д. 8) Очерки по вопросам гигиены детства и юношества. 9) „Из книги и жизни". Обзор журналов, книг и газет по вопросам воспитания и образования. 10) Переписка между родителями, воспитателями, учителями и вообще всеми интересующимися вопросами реформы воспитания и образования. 11) Вопросы и ответы редакции и читателей. 12) Библиография.

„Новости Детской Литературы". Критико-библиографический ежемесячный журнал, издаваемый при участии отдела детского чтения комиссии по организации домашнего чтения при учебн. отд. М. О. Р. Т. З. издательством при Детской Библиотеке М. В. Бередниковой. Редактор А. И. Колмогоров. Подписная цена в год 2 р. 50 к. Подписной год начинается с 1 сентября. Адрес редакции: Москва, Б. Кисловский, д. 1.

Программа журнала: 1) Оригинальные и переводные статьи по вопросам детского чтения и воспитания. 2) Детские библиотеки в России и за границей. 3) Хроника детского чтения и воспитания. 4) Обзор педагогических газет и журналов. 5) Списки вышедших за месяц детских книг. 6) Рецензии на новые детск. книги и журналы. 7) Вопросы и ответы читателей и редакции.

„Что и как читать детям". Критико-библиографический журнал. В состав редакции входят: Н. А. Бекетова, Е. А. Елачич, А. А. Климонтович, В. А. Коротнева и З. П. Павлова - Сильванская. Подписная цена в год 2 р. Адр. редакции: Петроград, Геслеровский пер., 29.

Журнал главное внимание уделяет отзывам о новых книгах и журналах, доступных для чтения и понимания детей дошкольного и школьного возраста (до 16 лет).

„Педагогическая Мысль". Общепедагогический журнал для учителей и деятелей по народному образованию. Под редакцией И. О. Симонова, Н. Е. Румянцева и С. П. Аржанова.

Издатель: Издательская Коллегия. Подписная цена в год 45 р. Контора журнала: Петроград, В. О., Тучков пер., 11, кв. 11.

Журнал ставит своею задачею разработку вопросов по созданию типа единой демократической школы, сильной духом общественности и способности дать родине полезных работников в области как умственного, так и физического труда.

Указатель статей о дошкольном воспитании, помещенных в педагогических журналах за 1912—1918 г.г.

В журнале „Дошкольное Воспитание" за 1912 г.: Экспериментальное исследование влияния детского сада на развитие детей. Ц. Балталон. — Элеонора Геерварт. Н. Лубенец. — Детские сады в Бельгии. Н. Донцовой — Летняя детская площадка в Полтаве. Л. Нартовой. — Кройка и шитье платьев для кукол. Л. Цветковой. — План занятий для детского сада. М. Петерсен. — Дети и их воспитатели. Т. Лубенец. — Практическая подготовка руководительницы детского сада. О. Сокович. — Бумажный слойд. М. Петерсен. — Детские сады по системе Монтессори. Е. Янжул. — Особенности дошкольного воспитания и обучения слепых детей. Е. Цитрон. — Дошкольное воспитание на выставке „Устройство и оборудование школы" в Москве. В. Мурзаева. — Постановка рисования в дошкольном обучении. В. Мурзаева. — Самодеятельность в воспитательной системе Фребеля. К. Маевской. — У живительного источника. Н. Лубенец. — К психологии ребенка. П. Егунова. — Общества трезвости, сетлементы, благотворительные общества и их отношение к детскому саду в Америке. Л. Кириенко. — Программа занятий в детском саду. К. Маевский. — Рисование нажимом кисти. Н. Мордвиновой — Детский сад в Шарлоттенбурге. Е. Веселкиной. — 2-й народный детский сад Киевского общества народных детских садов. Ю. Бек. — Игры, как основа физического воспитания маленьких детей. Л. Д. — Игры и занятия с песком. Н. Мордвиновой. — Опыт применения антропометрического исследования детей дошкольного возраста для определения показателя физического здоровья их. Е. Яницкой. — Лечивые дети. Л. Товстоног. — Комната карликов, как иллюстрация к сказке про Белоснежку. Л. Товстоног. — Анкета для „семейных групп". — Педагогические курсы матерей и детских садовниц. Н. Румянцева. — Тщеславие у детей. В. Зарницыной. — Приготовление к Рождеству. Н. Мордвиновой. — Детские журналы. Е. Иорданской. — План исследования психического состояния детей. Проф. И. А. Сикорского. — Увеличение казенных ассигновок на дошкольное воспитание в России. Н. В. Чехова. — Рождественская елка. Ю. Ярошевич. — Педагогическая комиссия при обществе народных детских садов. М. Финкельштейн. — Детские журналы. М. Ф.

За 1913 г.: О сказках. П. Егунова. — По детским садам заграницы. Н. Каринцева. — Свободный детский сад в трущобах Манчестера. М. Парланд. — Изготовление игрушек детьми. З. В. — Программа занятий в детском саду. К. Маевской. — Детские журналы. Е. Иорданской. — Ц. П. Балталон о значении детского сада для школы. — О колыбельной песне. Н. Румянцева. — История развития детских садов и их воспитательное значение. В. Зарницыной. — Волшебная сказка и роль ее в жизни ребенка. М. Парланд. — В материнских школах Базеля. З. Веселкиной. — Дом для кукол. М. Петерсен. — На помощь детям деревни! Н. Алексеевой. — Рассказ в детской. Г. Кершенштейнера. — История одной площадки. А. Банникова. — Из дневников о детях. Зарницыной. — Домики из игральных карт. З. В. — Душевная жизнь детей дошкольного возраста. М. Безобразовой. — Наш детский сад. В. Т. — О воспитании в дошкольном возрасте. В. Бырченко. — Занятия с песком. М. Петерсен. — Что рассказывать маленьким детям. Ф. Клейн. — Начальная школа и детский сад. Л. Товстоног.— К Рождественской теме. Е. П.—„Детский дом Об-ва помощь детям рабочих" в Петрограде. Н. Алексеевой. — Единственный ребенок и детский сад. Перев. с немецкого.— Как рисовать в детском саду. М. Петерсен.— Накалывание и вышивание. С англ.—Успехи в деле дошкольного воспитания во Франции.

За 1914 г.: Новый детский сад по идее американцев. Е. Янжул.—Гигиена ребенка. М. Микаэлис.—Дитя и его рисунок. Э. Элик.—План занятий в детском саду. М. Петерсен.—Работы из рафии.—Новый взгляд на сказку, как материал для чтения детей младшего возраста. В. Родников.— Дневник нашего детского сада. Л. Т. и А. Ц. — Изготовление игрушек детьми.—Французское Фребелевское общество и его детские сады. П. Егунова. — Праздник весны. Ю. Бек. — Народный учитель и дети деревни. Н. Алексеевой.—Новая система дошкольного воспитания г-жи Монтессори в оценке ее соотечественника проф. Саффиоти. Н. Румянцева. — Детская площадка общества „Благо детей" в порте Скадовске. И. Златковской.— Нужны ли ясли в деревне? Ф. Гинзбург.—Как мы устраивали ясли. В. Пото.—Детский сад в деревне. С. Кемниц.— Занятия с детьми дошкольного возраста „по программе". О. М. Ламановой.—Как наблюдать в раннем детстве способность к наблюдению и к воспроизведению виденного. Л. Ц.—Применение идей Монтессори и наблюдения над развитием маленьких детей. С. Кемниц. — Силуэты для фризов и других детских работ. Л. Т.—Фребель и Монтессори. Н. Лубенец. — Кое-что из практики детских садов в Бельгии. И. Горностайского.—Домашние животные в детском саду. Ф. Маршак.—Апликация жизненных форм из кружков. Е. П.

За 1915 г. Об общественном воспитании детей в связи с войной. Е. Тихеевой — Дошкольное образование в деревне. Н. Езерского.—Какое рисование необходимо садовнице? В. Мурзаева. — Выставка „Детский сад" в Петрограде. Е. Иорданской. — Работы детского сада в связи с рассматриванием картин. В. Мурзаева. — Определение умственных способностей ребенка по скале Бинэ-Симона. Ф. Маршак.—Из дневника матери. В. Гришаковой.—Мируша и Квт. О. Б.—Бросовой материал. Л. С. Тезавровской.—Темы для бесед и занятий в нашем детском саду. Е. О. Зейлигер.—Лепка в дошкольном возрасте. В. Мурзаева.—Странички из жизни бельгийских детских садов. В. А. Солов.—О питании детей. Перев. д-ра С.—Народные детские площадки в Елизаветграде. Г. Г. Бегун.—Елка и елочные украшения. Е. Ц.

За 1916 г.: № 1. Из жизни народного детского сада. Л. Тезавровской.—Дети и воспитательницы. Д. Р-и.—Новые веяния в американских детских садах. Р. Маршак.—Детские типы. Л. Бушканец.—Принципы семейного воспитания в детском саду. Е. Зейлигер.—В гостях у библиотеки. Е. Иорданской.—Занятия в детском саду. С франц. Е. Цветковой.—Японское искусство в детском саду. Е. Поповой.—Инструкция для руководительниц детских садов, очагов и яслей, выработанная Комиссией при О-ве содействия дошкольному воспитанию детей.

№ 3—4. Грамота в детском саду. Е. Тихеевой.—Дети-беженцы. У. Ильиной.—Ломановские дети. О. Ломановой.—Дети и воспитательница. Д. Р.—Кинематограф и его вредное влияние на детей. С фр. З. В.—Детский сад и начальная школ. Susan E. Blow.—Дети народного детского сада в деревне. В. Башнович.—Впечатления А. И. от гостивших у нее детей народного детского сада.—Игрушки, приводимые в движение. С англ. Маевской.—Комиссия дошкольного воспитания при кружке С. В. и О. Д в Москве. Л. Тезавровской.—Что привело меня в Киевское О-во народных детских садов. А. Григорьева.

№ 5. Ясли для детей в деревне. М. Зинченко.—Мышление в раннем детстве. Проф. Дж. Дьюи.—Детский очаг М. Лисановой.—Из дневника матери. В. Гришаковой.—Фриз для украшения детской комнаты или детского сада.

№ 6—7. Гигиена детского сада. Д-ра Чулицкой-Тихеевой.—К вопросу о подготовке руководителей дошкольного воспитания. И. Кукушкина.—Летняя колония Петроградского Всесословного детского сада и школы. Е. Тихеевой.—Возбуждение умственной и двигательной энергии посредством воспитательных игр. D-r Decroly и M-elle Monchamp.—„Осень" в нашем детском саду. В. Гришаковой.

№ 8—9. Детский вопрос. О. Быстровой.—О дошкольном воспитании в деревне. Н. Алексеевой.—Рождество в детском саду. М. Петерсен.—Детские сады в Петрограде. О. Хоризоменовой.

За 1917 г. № 1—2. Пропущенный юбилей Н. В. Чехова.—Киевское О-во народных детских садов, как рассадник идей дошкольного воспитания. — Достижения (к 10-тилетн. юбилею вышеназв. О-ва). — На лоне природы. Л. Тезавровской. — По „Детским Домам" М. Монтессори. С фр. Л. Т. — Четыре месяца работы в очаге для детей запасных и беженцев. М. Петерсен. — Игры, способствующие обучению чтению. Пер. с фр. Веселкина. — Привлечение детей к наблюдению природы. С англ. Попова.

№ 3—4. О связи народного детского сада с местным населением. Е. Иорданской. — Роль врача в воспитании. Д-ра Е. Риста. — Подсознательные процессы душевной жизни и их воспитание. В. Родникова.—За 10 лет (Киевск. О-во народн. детск. сад.). Н. Лубенец. — Любимые общественные детские игры. О. Ломановой.—Цветы из папиросной бумаги.

№ 5. Первые шаги по пути к завоеванию прав дошкольного воспитания. Н. Лубенец.—Докладная записка Петроградского О-ва содействия дошкольному воспитанию детей министру народного просвещения. — Дошкольное воспитание в деревне. Н. Соколова. — Из записей о детях. Н. Лубенец.

В журнале „Семейное Воспитание" за 1912 г. Детские народные сады за границей и в России. А. Локтина.—Страничка из детской психологии. Е. Б. — Из детской психологии. О. Ломановой. — Слабенький и равнодушная. О. Быстровой.—Два основных типа детей. А. Дернова-Ярмоленко. — Несколько слов по поводу сборника Л. и О. Рудевич.—Детская душа. И. Домонтович. — Игры и занятия в связи с определенным возрастом. А. Дернова-Ярмоленко.—Мел, ил и камыш, как материал для детских работ. В. Лабунский.—Подражание и игры, как факторы естественного самовоспитания ребенка. Н. Румянцев.—Следует ли детей интеллигентных семейств сближать с крестьянскими ребятами. Е. Водовозова.

За 1913 г. Как дети занялись выклеиванием. О. Быстровой.—Картинки из жизни самых маленьких детей. В. Беклешова.— Метод воспитания и обучения Монтессори.

Е. Водовозовой.—Ритмическая гимнастика Далькроза. Ее-же.—О постоянных яслях в связи с народными детскими садами. А. Гибис.—Детский музей в Бруклине. В. Гатьера.—К вопросу: семейное или общественное воспитание. Дерновой-Ярмоленко.—Анкета о елке. Ее-же.—Детские вечера. А. Ивановой.—Коллективное воспитание детей. В. Лабунского.—Детские возрасты, их классификация и значение. Л. Мищенко.—Опыт характеристики мальчика 4½ лет. А. Румянцевой.—Подготовка матери, как воспитательницы. Л. Словцовой.—Зима и дети. Е. Тихеевой.—Одиночные игры. Н. Штенберг.—К вопросу о сближении интеллигентных детей с крестьянскими ребятами. Н. В. Чехова.—Тверской общественно-педагогический кружок. А. Ланкова.

„Семейное Воспитание" за 1914 г. № 1. Вл. Лабунский. Детские игры и игрушки, стр. 6.—Е. Б. Из дневника матери. Ребенок в первый год жизни, стр. 30.—А. Дернова-Ярмоленко. Как писать дневники, стр. 42.—Эволюция и воспитание чувства природы у детей. Стэнли Холл. Реферат Р. С., стр. 47.—Торговля детьми. М. П., стр. 55.—Туберкулез легких, как последствие недостаточной гигиены зубов и полости рта (из „Зубоврач. Ежемес."). Хроника. Освящение детского сада в Одессе, стр. 74.—Новый приют Е. И. Дегтеревой для детей дошк. возр. в Киеве, стр. 74.—Народные детские сады, стр. 75.

№ 2. О материнской любви. М. Безобразова, стр. 6.—Из дневника матери (окончание). Е. Б., стр. 18.—Как Тима учился грамоте. А. Киселева, стр. 35.—История одного мальчика (к вопросу о ненормальн. детск. возр.). М. П., стр. 45.—К вопросу о детском чтении. О. Быстрова, стр. 54.—Проделки Старичка-гнома; сказка Павлика Нагулевич (к вопросу о детском сочинительстве), стр. 62.—Мерзкая девченка (к половому вопросу). Леон. Кондратьева, стр. 66.—Далее журнал прекратил свое существование.

В журнале „Вестник Воспитания" за 1912 г.: Итальянский детский сад по системе г-жи Монтессори. Е. Янжул.—Детские игры и их социально-жизненное значение. М. Рубинштейна.—Книги для детей дошкольного возраста. Х. Г.

За 1913 г.: Детские сады во Франции. Л. Чеховой.—

Родители и дети. Н. Воронова.—Новые мысли Л. Толстого о воспитании и образовании. Е. Лозинского.—Дом свободного ребенка. Э. В. Яновской.—Вопросы дошкольного воспитания. И. Соловьева.—Монтессори. Дом ребенка. Его-же.—О подготовке детей к слушанию музыкальных произведений. А. Щепинского.—Биографический метод в изучении детского рисунка. И. Соловьева.

За 1914 г.: Душа ребенка в изображении новейшей итальянской литературы. М. Слонима.—Педагогические мысли и детские типы. Н. Воронова.—Летние детские праздники. И. Ландау.—Роль естествознания в детском развитии. Л. Вальватьевой.—Летние занятия с городскими детьми в Америке. В. Гартьера.—Английские няньки. Н. Высоцкой.

„Вестник Воспитания" за 1915 г. Авторитет и свобода воспитания А. Дивильховского. V, 56 стр. Курсы по дошк. воспит. в университ. им. Шанявского.—Л. Тезавровской III, 110 стр.; Кризис семьи, как органа воспитания—М. Рубинштейна III, 33 стр.; Влияние окружающей среды в деле воспитания—С. Русовой III, 162; Общественное или семейное воспитание IV, 39 стр., Заметки о религиозном воспитании—Н. Петрова VI, 1; Значение музыки в эстетическом воспитании ребенка—акад. В. Бехтерева VI, 47; Дефекты современной культуры и современного воспитания—Н. Ильина IX, 84; М. Монтессори, ее предшественники и критики—Ив. В. IV, 103, V, 96.

За 1916 г.: Дошкольное воспитание в деревне—С. Русовой VII, 133; Биологические мотивы в воспитании—Л. Тивернадского IX, 125; О „детских садах" в России—Н. П. II, 59; Народный детский сад и народная школа в Финляндии—М. Штейнгауза VI, 146; VII, 164; К психологии детской игры в куклы—К. Корнилова II, 106; Детские игры и творчество—М. Баллас V, 199; Место картинки в детской книге—В. Мурзаева, II, 159; Материнство в бельгийской литературе—М. Веселовского II, 288; Сказка и ее роль в детской жизни—С. Русовой V, 146; Школа Монтессори в теории и на практике—А. Шуберта II, 75; Современное образование и нравственность—М. Рубинштейна I, 45; Эксперимент в психологии и педагогике и наука о воспитании—В. Экземплярского.

В журнале „Свободное Воспитание" за 1912—1913 г.: О применении некоторых принципов детского сада к современной педагогике вообще. И. Книг.—Семейное или общественное воспитание? А. Зеленко.—Солнечный свет и свободное творчество детей. Н. Крупской.—Воспитание там, где хотят беречь искру Божию. Л. Перно.—Мария Монтессори и свободное воспитание. Т. Л. Сухотиной.—Свободное воспитание и семья. К. Н. Вентцель.—Общество содействия дошкольному воспитанию детей. Е. Иорданской.—Детский сад для слепых.—Анкета по поводу детских садов. Имеет ли детский сад влияние на развитие ребенка? Н. К.—Научные исследования детей. Н. К.—План организации детского трудового сада в Москве. И. Гутер.—Площадки для игр и сады для детей в Шарлоттенбурге.—Что надо помнить работающим на детских площадках. Н. К.—Школьные сады. Детские очаги в Шарлоттенбурге. И. Шнеерсон.—Из жизни и деятельности просветительных обществ.

В журнале „Воспитание и Обучение" за 1913 г.: Всероссийский съезд по семейному воспитанию. Н. Альмединген.—Ребенок и родители. Н. Каринцева.—Опыт систематического изучения ребенка. А. Румянцевой.—Подражание и творчество у детей. Налимова.—Значение научного изучения ребенка для воспитания. Жонкэрэ.—Из дневника матери. Следует ли спать при открытых окнах.—Образование детей дошкольного возраста. С. П. Лыжиной.—Детский кружок в Харькове. В. Поворинской.—О подготовке детей к средней школе. Е. Насоновой.—Детские сады в Австро-Венгрии.—Школа для матерей в Париже. Н. Рузер.

За 1914 г.: В „Детском Доме" Монтессори. Сост. Н. Альмединген.—Несколько слов о развитии речи детей. Е. Тихеевой.—Уход за душевным здоровьем ребенка в годы первого детства. Д-ра Л. Чулицкой-Тихеевой.—О детских играх. А. Удинцовой.—Материалы для детских наблюдений в природе. С. Лебедева.—Пищевой режим детей дошкольного возраста. Д-ра Л. Чулицкой-Тихеевой.—Детские сады в Америке.—Основы семейного воспитания по Лесгафту. С. М. Познер.

За 1915 г.: Лето в отношении здоровья детей. Д-ра Л. И. Чулицкой-Тихеевой.—Педагогич. выставки. Е. Иорданской.—Летние занятия детей. Е. И. Тихеевой.—Детский дом. Часы рассказа в семье. Н. Альмединген.—Самодельные коллекции картин. Б. И.—Как и чем играла Маруся в первые четыре года ее жизни. Елены Кричевской.

„Свободное Воспитание" за 1915—1916 г.: Работы маленьких детей—Л. Плэстед, 3; Первый год работы в народном детск. доме—Д. Атлас, 4; Дошкольное воспитание и детские сады—А. Мартыновой, 5—9; Дитя и мы (влияние семьи)—А. Гибш, 6; Досуги семьи—А. Гибш, 10—11.

„Свободное Воспитание" за 1916—1917 г.: Не „что нб.", а все для детского блага—И. Горбунова-Посадова, 1; Наблюдения над развитием числовых представлений у ребенка в течение первых 6 лет его жизни—К. Лебединцева; Как живут и учатся двести детей сирот. Р. Ридера, 1, 3; Справка о детских садах в Соединенных Штатах—И. Киричко, 2; Жизненное преподавание родного языка—Р. Гансберга, 4—5, 6, 7—8, 9—10; Игра, как основной фундамент воспитания—Р. Мюссельмана, 7—8; Забота о здоровьи подрастающего ребенка—А. Гибш, 7—8.

„Свободное Воспитание и Свободная Школа" 1918 год: № 1—3, Провозглашение декларации прав ребенка—К. Вентцеля, стр. 69. Замечательный работник свободного воспитания (памяти М. Станиловской)—Е. Горбуновой, стр. 77. Отщепенцы педагогики—С. Крюкова, стр. 130.

№ 4—5. Отщепенцы педагогики—С. Крюкова, стр. 23. Свободно-ботанические занятия с детьми—В. Невского, стр. 33. Как сделать жизненным преподавание арифметики—А. Герлаха, стр. 53. Очередные задачи дошкольной и внешкольной работы с детьми в связи с переживаемым моментом—Л. С., стр. 87.

№ 6—7. Свободно-ботанические занятия с детьми—В. Невского, стр. 37. Дошкольное, внешкольное и школьное образование (из докл. комисс. по нар. образ. при Томск. Губ. Нар. Собр.), стр. 91.

„Педагогическая Мысль" за 1918 г. Кн. 1—2. К вопросу о происхождении сказки—Н. Н. Бахтина, стр. 73 (см. также кн. 3—4, стр. 50). Кн. 3—4. Педагог. хроника:

во Фребелевском О-ве, стр. 156 (см. кн. 1—2, стр. 176). Кн. 5—8. Ближайш. задачи дошк. воспит.—Н. Румянцева, стр. 56. Педаг. хрон.: Высш. Фребелевск. курсы в Перми, стр. 153. Кн. 9—12. Трудовое начало в воспитании— Н. Каптерева. Здоровье и питание петроградских детей— д-ра Гиршберга. Педаг. хрон.: Высшие курсы Лесгафта. Одногодичные курсы по внешкольному и дошкольному образованию при Высш. курс. Лесгафта. Педагогический Институт Дошкольного Образования.

Просветительные общества, ставящие своею задачею содействовать дошкольному воспитанию.

Петроград.

1) **Петроградское общество содействия дошкольному воспитанию детей.**—Невский, 90, кв. 36. Тел. 284-24.

Общество существует с 1908 года. Председательница А. М. Калмыкова, Вице-председательница Е. И. Тихеева. Учреждения об-ва: а) Постоянная выставка детских и педагогических книг (Невский, 90, кв. 36), б) Детская Библиотека (там же), в) Детский сад (Таврическая ул., 25), г) Детский сад (Калашниковский пр., 9, кв. 10), д) Летние детские колонии для детей садов об-ва, е) одногодичные и двухгодичные курсы по дошкольному воспитанию, ж) Музей „Дошкольная жизнь ребенка" (Таврическая ул., 17, кв. 8) и общежитие при нем для детей сирот.

Об-во издавало „Сборники по вопросам дошкольного воспитания, устраивает лекции по вопросам дошкольного воспитания как в Петрограде, так и в провинции, лекции для детей, организует временные курсы для родителей и воспитателей.

2) **Фребелевское общество для содействия первоначальному воспитанию**—Казанская, 3. При Обществе Института дошкольного образования.

3) **Петроградское об-во содействия физическому развитию**—Английский, 32.

При обществе дошкольные одногодичные и двухгодичные курсы.

Для подготовки руководительниц для детских садов существуют постоянные и временные курсы.

1) Педагогический институт—Малая Посадская, 26.

2) Институт Дошкольного Образования (Казанская, 3) преобразован осенью 1918 г. из Фребелевских Педагогических Курсов. Институт имеет: Основное Отделение (с 3-х годичным и 2-х годичным курсами) и факультеты (IV-й курс): дошкольного образования, подготовки персонала для воспитания дефективных детей, школьный, внешкольный (работы с детьми и подростками). Основное Отделение подготовляет рядовых работников, а факультеты—инструкторов. При Институте организованы и организуются следующие учебно-вспомогательные учреждения: 1) детские сады, 2) школа (классы А, Б, Г), 3) площадки, 4) трудовая колония, 5) детский сад и школа для дефективных детей, 6) детский клуб. В Институте имеется обширная библиотека, целый ряд кабинетов, классы ручного труда, музей по дошкольному воспитанию. При Институте интернат на 150 слушателей. Деятельность Фребелевского Общества в текущем году слилась с деятельностью Совета Института по организации последнего. Помещение Общества перенесено на территорию Института.

3) Одногодичные и двухгодичные курсы по дошкольному воспитанию при Петроградском об-ве содействия дошкольному воспитанию детей (Невский пр., 90, кв. 36).

4) Одногодичные и двухгодичные дошкольные курсы при Петроградском об-ве содействия физическому развитию (Английский, 32).

5) Институт Социалистического образования Фонтанка, 7.

Детские сады в Петрограде [1]).

Адреса детских садов.

Кол. детей.

1-й Городской район.

1. Кирочная, 6. 90
2. Шпалерная, 50. 60
3. Растанная, 25. 60
4. Николаевская, 64, кв. 1 60
5. „   „   „   2 60
6. Лиговская, 64 (Сан-Галли). 90
7. Надеждинская, 21, кв. 16. 60
8. Шпалерная, 7. 30
9. Волково, наб. 9-я, Сел. „Пгушки". 90
10. Тамбовская, д. 71/73 60
11. Преображенская 28, кв. 4. 60

2-й Городской район.

1. Галерная, 25. 60
2. Конюшенный пер., 1. 60
3. Лермонтовский, 9. 90
4. Екатерининский кан. 95. 90
5. Мастерская, 10. 60
6. Офиц. 40. Евр. д. с. (сод. на свои сред.) . . . .
7. Ул. Гоголя, д 21, кв. 6. 60
8. Офицерская, 36. 60
9. Английский, 40, кв. 11. 60
10. Садовая, 22. 90
11. Б. Подъяческая, 17/21. 60
12. Торговая, 25, кв. 7. 30

Московский район.

1. Забалканский, 111. 60
2. Забалканск й, 128. 60
3. Верейская, 40. 60
4. 3 рота, 18. 90
5. Серпуховская, 7, кв. 6. 60
6. Загородный, 70. 90
7. Евр. д. с., 2 рота, 11, кв. 8 (сод. на свои средства). . 30
8. 12 рота, 3, кв. 9 Сев.-Зап. ж. д. (сад и пит. на св. средства) . 60
9. 6 рота, 27/12, кв. 1. Сев.-Зап. ж. д. (сад и пит. на свои средства). . 60

Петроградский район.

1. Б. Пушкарская, 65, кв. 12. 60
2. Каменноостровский, 1/3, кв. 27. 60
3. Больш. пр., 65, кв. 24. 60
4. Лахтинская, 20. 60
5. Резной пер., уг. Корт. наб. 60
6. Б. Спасская, 26, кв. 10 (ясли). 15
7. „   „   „   9 60
8. Б. Гребецкая, 71. 60
9. Пр. К. Либкнехта, 82, кв. 5. 30
10. Грезная, 14. 90
11. Ул. Лерев. бедноты, д. 25. 60

[1]) Настоящий список помещается для сведения лиц, желающих познакомиться с постановкой детских садов.

Адреса детских садов.

	Кол. детей
12. Б. Спасская, 9-б, кв. 5.	60
13. П. Д. Набережная, 12.	60
14. Коломяжский, 7. (ж. д.)	60

Невский район.

1. С. Алексан., Ново-Александр. пр., 16/18.	90
2. Палевский, 33/69.	80
3. Шлиссельбургский, 9-б.	60
4. Фабр. Варгунина, пр. б. Невск, 98/104.	70
5. Фабр. Торнтон.	60
6. Шлиссельбургский, 9-б.	60
7. Пр. Села Александр., 21/23.	60
8. Мурзинка, дача гр. Апраксиной.	60

Выборгский район.

1. Безбородкинский, 5, кв. 1.	90
2. Полюстр. п. 15, д. Дурново.	90
3. Б. Самсоньевский (пр. К. Маркса, 107).	60
4. Лесной, Выборг. пер. 18/20.	90
5. Княжеская, 7.	60
6. Б. Спасская, 20.	90
7. Костромская ул.	40
8. Выборгская наб., 41.	90
9. Покровская, 9.	60
10. Симбирская, 1/2, Арсенал.	60
11. Лесной, Сосновка, д. 1/3. Пол. Ин-т.	60
12. Ст. Удельн., Фермск. шос., д. 3. Психбол.	30
13. Кропоткинская, 15.	60

Сестрорецкий район.

1. Зоологический пер., 7.	60
2. Петроградская, 101. Разлив.	60
3. Ст. Ольгино Прим. ж. д.	60
4. Ст. Лахта, Прим. ж. д.	60

Колпинский район.

1. Пр. Ленина, б. Морское Собр.	90
2. " " " "	90

Нарвско-Петергофский район

1. Ново-Сивковская, 16.	60
2. " 5.	90
3. Ст. Володарская, Балт. ж. д. (б. Серг. пустынь).	60
4. При Путил. зав., вход с Шелков. пер.	60
5. Дер. Волынка, 2.	60
6. Путиловская верфь.	60
7. Петергофское шоссе, 32.	60
8. Везенбергская, 44.	60
9. Везенбергская, 58.	60
10. Ст. Петергофский, 44.	60

Адреса детских садов.

Кол. детей.

Василеостровский район.

1. Уральская, 8. Голод. д. с. 90
2. 5 л., 16 90
3. Гаванская, 89 90
4. Николаевская наб., 17 60
5. 10 л., 29, кв. 4 и 3 90
6. 4 л., 43, гимн. Могилянского 60
7. 16 л., 15 60
8. Больш. пр., дача 79. Черткова 60
9. 8 линия, д. 55 30
10. Волховской пер., 4, кв. 38 60

Смольнинский район

1. Кирилловская, 4 . . . .
2. Греческий пр., 6 90
3. Калашниковская, 72 90
4. Старорусская, 5, кв. 112 90
5. " 90 (очаг) 90
6. Калашниковский, 9 60
7. Таврическая, 25 30
8. " 35 30
9. Дегтярн. 2, кв. 10 Евр. д. с 60
10. Пальменбаховская, 4 30
11. Таврическая, 17, кв. 7 90
12. " 11, " 2 30
13. " " 6 30
14. " " 5 30
15. В. Охтенский, 61 30
16. Ул. Медведева, 2 60
17. Мариинский, 27 60
18. Таврич. ул., 17, кв. 4 60
19. " " 3 30
20. Объездное шоссе, д. 11/2 60

Пороховской район.

1. Ржевка, д. с. на Полигоне 60
2. Ржевка, зав. взрывч. вещ. 60
3. " 60

НОВЫЕ КНИГИ ТЕХ-ЖЕ АВТОРОВ:

Стихотворения для детского сада, семьи и школы. Вып. 1. „Нюсины Стихи" (Лес, Вода, Поле и Луг). Изд. Дошк. Отд. Нар. Ком. по Просв.

Стихотворения для детского сада, семьи и школы. Вып. 2. „Павлинины Стихи" (Времена года). Изд. Музея „Дошкольная жизнь ребенка".

Стихотворения для детского сада, семьи и школы. Вып. 3. „Шурины Стихи" (Семья и детский сад). Изд. Музея „Дошкольная жизнь ребенка".

„Счет в жизни маленьких детей". Изд. Музея „Дошкольная жизнь ребенка".

Таблицы к брошюре „Способ естественного усвоения детьми грамоты". Изд. Дошк. Отдела Нар. Ком. по Просв.

Проект дома для детского сада на 30 чел. детей. Изд. Музея „Дошкольная жизнь ребенка".

Проект дома для общежития дошкольного возраста. Изд. Музея „Дошкольная жизнь ребенка".

ГОТОВЯТСЯ К ПЕЧАТИ:

Диаграммы Музея „Дошкольная жизнь ребенка", исполненные на открытках.

Дома Ребенка Монтессори в Риме. По личным впечатлениям Е. Тихеевой. Изд. 2.

Все вышеперечисленные издания можно получать в Музее „Дошкольная жизнь ребенка"—Таврическая ул., 17, кв. 8; открыт по будням, кроме понедельника и субботы, от 4 до 9 час. и по воскресеньям от 1 до 5 час.

Цена 140 руб.

5-я Гос. тип.

Отпечатано 20.000 экз. Р. В. Ц. г. Петр.